PICCOLA BIBLIOTECA ADELPHI

283

DELLO STESSO AUTORE:

Cristianesimo dell'inizio e della fine

Dalla gola del leone

La croce e il nulla

La fede sepolta

Radici ebraiche del moderno

Un commento alla Bibbia

Sergio Quinzio

LA SCONFITTA DI DIO

ADELPHI EDIZIONI

Cura editoriale di Ena Marchi

ISBN 88-459-0888-7

INDICE

LA SCONFITTA DI DIO

ad Anna

Dirò di più: sia pure che ciò non si realizzi mai e che non venga il paradiso (questo lo capisco!), ma io continuerò a predicare lo stesso. E intanto, come questo è semplice: in un solo giorno, *in un'ora sola*, tutto potrebbe realizzarsi!

DOSTOEVSKIJ, *Il sogno di un uomo ridicolo*

È stato detto, da Martin Buber, che Hitler ha costretto ebrei credenti e non credenti a parlare di Dio, e che questa non è una delle sue minori scelleratezze: perché o Dio parla, e allora lo si ascolta, o si parla a Dio, pregando, ma non si parla di Dio. Per noi comunque, e certo non soltanto da oggi, il divino non può più essere l'orizzonte, ma tutt'al più il problema. Di Dio siamo condannati a parlare, perché non è facile nemmeno non parlarne più, come prescriverebbe Wittgenstein. Parlare di Dio è possibile – e forse, finora almeno, inevitabile – per il credente come per il non credente che pensino. Proprio nel parlare di Dio, nel farlo entrare nelle nostre equazioni teologiche e filosofiche, estetiche e scientifiche, politiche e antropologiche, il credente e il non credente si incontrano, e nell'incontro si perde anticristicamente la differenza, irrinunciabile dal punto di vista della fede, tra fede e non fede.

Anch'io, dunque, parlo di Dio.

Le abbreviazioni dei titoli dei libri biblici sono quelle adottate dalla *Sacra Bibbia* edita dalla Conferenza episcopale italiana. E questa versione ho seguito, in linea di massima, per la traduzione dei passi citati. Me ne sono discostato, tuttavia, quando mi è sembrato che il testo originale potesse essere reso con più forte aderenza. In questi casi, mi sono riferito direttamente al greco per il nuovo Testamento, mentre, per l'antico, ho tenuto presenti soprattutto *La Sainte Bible* della École Biblique de Jérusalem, Les Éditions du Cerf, Paris, 1961 – « cattolica » – e *La Bible, L'Ancien Testament*, 2 voll., Bibliothèque de la Pléiade, Gallimard, Paris, 1966-67 – « laica ».

LE PROMESSE DI DIO

Secondo il Vangelo di Luca, Gesù racconta la parabola della vedova importuna che finisce per ottenere giustizia perché il giudice iniquo confessa di non sopportare più le sue insistenze. « E il Signore disse: "Ascoltate quel che dice questo giudice iniquo. E Dio non farebbe giustizia ai suoi eletti che gridano verso di lui giorno e notte, mentre lui ritarda nei loro confronti? Io ve lo dico, farà loro pronta giustizia" » (18, 6-8). Questa giustizia è stata davvero resa, da duemila anni a questa parte? L'abbiamo creduto, perché l'istituzione religiosa che ha presieduto al corso di tutti questi secoli non poteva, e naturalmente non può, pensarsi se non come luogo di salvezza, se non come garante di una salvezza già in atto, sebbene destinata a un compimento futuro, a una pienezza ulteriore.

Ma possiamo dire che Dio ha reso o non ha reso giustizia, che ha esaudito o non ha esaudito le millenarie richieste di quelli che, confidando nella sua parola, hanno gridato a lui giorno e notte, se non sappiamo che cosa Dio ha promesso di darci? L'invocazione del credente non chiede infatti – anche se la parabola di Luca non lo dice – ciò a cui l'uomo ha astrattamente diritto, ma ciò che Dio, stabilendo un patto con Abramo e attraverso Abramo con il suo popolo, promette come ricompensa alla fedeltà, o come sovrabbondante misericordia. Che cosa ha dunque promesso Dio? Basta scorrere le pagine della Bibbia. L'arcobaleno che compare nel cielo dopo il diluvio è il segno dell'alleanza di Dio con la carne: « Tale è il segno dell'alleanza che io metto fra me e ogni carne che è sulla terra » (Gn 9, 17), « fra me e la terra » (Gn 9, 13). La promessa non riguarda l'anima o lo spirito, ma la carne e la terra.

Ad Abramo Dio promette una posterità numerosa come le stelle (Gn 15, 5), ricca di « grandi beni » (Gn 15, 14) e una vecchiaia felice (Gn 15, 15). Anche a Giacobbe – nella visione della scala che ascende al cielo, e che siamo abituati a interpretare misticamente – Dio promette terra e straordinaria fecondità (Gn 28, 13-14). Il fatto centrale su cui si fonda tutta la storia della rivelazione è la liberazione dalle sofferenze della schiavitù in Egitto, per entrare nella terra promessa, una terra dove « scorrono latte e miele » (Es 3, 8). Là « benedirà il tuo pane e la tua acqua, e allontanerà da te la malattia. Nessuna donna, nel tuo paese, abortirà, e nessuna sarà sterile » (Es 23, 25-26). Questi annunci si leggono continuamente nella Torah, la legge data da Dio per mezzo di Mosè: « Osserva le sue leggi e i suoi comandamenti che oggi ti prescrivo, al fine di avere, tu e i tuoi figli, felicità e lunga vita sulla terra che Jahwè tuo Dio ti dà per sempre » (Dt 4, 40).

È facile dire che queste promesse sono « superate », che appartengono a un momento remoto della « pedagogia divina » attraverso la quale Dio innalza il popolo dei suoi fedeli alle verità spirituali, di cui i beni temporali sarebbero soltanto un simbolo. Ma sebbene tanti antichi Padri della chiesa l'abbiano detto, è difficile trovare, nella Bibbia, sostegni per una simile interpretazione platoneggiante. Per il successivo pensiero religioso ebraico, che conserva indubbiamente una maggiore aderenza ai testi biblici, si tratta, come afferma Gershom Scholem, di un completo fraintendimento. Dovrebbe pur dirci qualcosa il fatto che le Scritture ebraiche alle quali abbiamo attribuito i più alti sensi « spirituali » conservano intatto, per l'essenziale, l'orizzonte del Pentateuco. Questo vale per il libro di Giobbe, dove tutto il discorso è costruito sullo scandalo della sofferenza, e di una sofferenza che consiste anzitutto nella perdita dei beni, dei figli, della salute: dello *shalom*, la « pienezza di vita », la sicura « pace » in cui il fedele Giobbe viveva prima che la disgrazia lo colpisse. Gli amici che giungono per consolarlo tentano di spiegare il suo implacabile tormento riconducendolo al meccanismo della colpa e della sua giusta espiazione, ma Giobbe resta irremovibilmente convinto che la sofferenza è troppo più grande della colpa. Dopo essersi inchinato al mistero divino, Giobbe riceverà la più grande lode da Dio proprio per la sua inorridita domanda sulla pena e l'ingiustizia che patisce la carne. « Voi » dice l'Altissimo rivolto agli amici di Giobbe « non avete parlato bene di me come ha fatto il mio servitore Giobbe » (Gb 42, 7), e solo per la sua intercessione non li colpisce a morte. Il libro di Giobbe, almeno così come ci è stato tramandato, si conclude con la restituzione a Giobbe, in più larga misura, di tutto ciò di cui aveva goduto nel tempo felice: pecore, cammelli, buoi e asine; e Dio gli ridà anche, cosa per noi sconcertante, lo stesso numero di figli che aveva prima, e che erano morti.

I Salmi, il grande libro di preghiera degli ebrei e dei cristiani, invocano senza tregua la liberazione dall'angoscia e la benedizione di Dio che elargisce i suoi doni e le sue consolazioni, esprimendo talvolta la speranza di questo possesso nella forma del passato profetico. « Riscatta Israele, o Dio, da tutte le sue angosce » (24, 22). « Il mio cuore esulta, le mie viscere giubilano, e la mia carne riposa al sicuro, perché non abbandonerai la mia vita al sepolcro, né lascerai che il tuo amico veda la fossa » (15, 9-10). « Io lo credo, vedrò la bontà di Jahwè sulla terra dei viventi » (26, 13). Il Salmo 29 è un rendimento di grazie per essere stato strappato a un pericolo mortale: « Hai cambiato il mio lamento in danza » (29, 12). « Vicino è Jahwè ai cuori spezzati, egli salva gli spiriti abbattuti. Infelicità su infelicità per il giusto, ma da tutto Jahwè lo libera; Jahwè custodisce tutte le sue ossa, non uno sarà spezzato » (33, 19-21). Se nei libri di Mosè Dio è il giudice che dà la vita e il bene ai giusti e la morte e il male agli empi, nei Salmi è il *go'el*, il « vendicatore », il « redentore » dei giusti, che, malgrado le promesse, patiscono duramente. « Beato chi pensa al povero e al debole: nel giorno della disgrazia Jahwè lo libera; Jahwè lo custodisce, gli restituisce vita e felicità sulla terra » (40, 2-3). « Liberami dai miei nemici, mio Dio, proteggimi contro i miei aggressori, liberami da coloro che fanno il male, salvami dagli uomini di sangue » (58, 2-3). « Tu che mi hai fatto vedere tanti mali e infelicità: tu tornerai a farmi vivere. Tornerai per tirarmi fuori dagli abissi della terra, nutrirai la mia vecchiaia, verrai a consolarmi » (70, 20-21). « Jahwè è giustizia e pietà, il nostro Dio è tenerezza, Jahwè difende i piccoli, ero debole, egli mi ha salvato » (114-115, 5-6). Questo è promesso ai fedeli: « Trarrai profitto dalle opere delle tue mani, vantaggio e felicità per te! La tua sposa: una vigna fruttuosa al centro della tua casa. I tuoi figli: delle piante di ulivo intorno alla tua tavola. Ecco con quali beni sarà benedetto l'uomo che teme Jahwè. Che Jahwè ti benedica da Sion tutti i giorni della tua vita! Possa tu vedere Gerusalemme nella

felicità e vedere i figli dei tuoi figli! » (127, 2-5).
I libri dei profeti, che siamo soliti leggere come la testimonianza della avvenuta « spiritualizzazione » delle rozze aspettative « materiali » tramandate da tempi remoti insieme a saghe e leggende, insistono in realtà sulle stesse note. Isaia annuncia la venuta del re giusto, il Messia, con la famosa profezia: « Il lupo abita con l'agnello, la pantera si sdraia accanto al capretto, un vitello e un leoncino pascolano insieme sotto la guida di un fanciullo. La vacca e l'orsa sono in amicizia, i loro piccoli si coricano insieme. Il leone mangia la paglia come il bue. Il lattante gioca sulla tana del serpente, il bambino mette la mano sulla buca della vipera » (11, 6-8). Forse un po' in contraddizione con questa, un'altra profezia annuncia: « Jahwè Sabaot preparerà per tutti i popoli su questa montagna un banchetto di carni grasse, un banchetto di vini eccellenti ... Toglierà su questa montagna il velo di lutto che velava tutti i popoli e il sudario che seppelliva tutte le genti, farà scomparire per sempre la morte. Il Signore Jahwè asciugherà le lacrime da tutti i volti ... Si dirà, quel giorno: vedete, è il nostro Dio dal quale abbiamo sperato la salvezza » (Is 25, 6-9). Un'altra celebre profezia messianica annuncia la pace, quella pace, dirà Gesù (Gv 14, 27), che non il mondo ma solo Dio può dare: « Delle loro spade faranno vomeri e delle loro lance, falci. Le nazioni non alzeranno più la spada

l'una contro l'altra e non ci si eserciterà più alla guerra. Ma ciascuno se ne starà seduto sotto la sua vigna e sotto il suo fico, senza che nessuno l'inquieti» (Mic 4, 3-4).
I passi che, in questo senso, si potrebbero citare dalle Scritture ebraiche sono centinaia. Ma fin dai primi secoli della chiesa, di tutti questi passi e di ciascuno isolatamente venne fatta una lettura allegorica, secondo la quale i beni «materiali» promessi nell'antico Testamento (come se fosse solo «materiale» vivere senza angoscia sulla propria terra e vedere nella pace la propria sposa, i propri figli e i figli dei propri figli!) non sono che il simbolo dei beni spirituali promessi ai beati nell'eternità celeste. Questa interpretazione ellenizzante è prevalsa nella tradizione ecclesiastica sia d'Oriente che d'Occidente, sebbene i Padri apostolici, più vicini alle origini neotestamentarie – e in particolare sant'Ireneo, considerato l'iniziatore della teologia cattolica –, fossero ancora pienamente consapevoli che la redenzione cristiana riguardava non le realtà interiori e spirituali, invisibili, bensì la concretezza dell'esistenza storica e della corporeità. Ma i vangeli, e in generale il nuovo Testamento, sono stati ben presto letti secondo una precomprensione di tipo neoplatonico, e il loro significato è stato trasposto.
Se si ritorna ai testi, non si percepisce nessuno iato fra antico e nuovo Testamento, il quale ultimo si pone automaticamente come un capitolo ulteriore, un epilogo del primo.

L'orizzonte della salvezza promessa resta lo stesso. Le « beatitudini » (alle quali il Vangelo di Luca affianca, secondo l'uso veterotestamentario, corrispondenti maledizioni: 6, 20-26) non sono una realtà spirituale in atto, ma una promessa, così come la croce di Cristo è tutt'altro che una beatitudine in atto. Se i poveri, gli umili, gli afflitti, gli affamati e gli assetati di giustizia, i misericordiosi, i perseguitati devono rallegrarsi, è perché stanno per essere consolati, stanno per ricevere la terra in eredità (Mt 5, 4), stanno per essere saziati in quel « regno dei cieli » che nei vangeli è espressione intercambiabile con « regno di Dio », ebraicamente evitata per non pronunciare il Nome. Ma proprio dall'espressione « regno dei cieli », e da pochissime altre affermazioni evangeliche che, in orizzonte ellenistico, potevano essere interpretate in modo analogo, sono sorti inveterati fraintendimenti. In realtà, le « beatitudini » annunciate da Gesù ricalcano formule dei Salmi e di altre Scritture ebraiche (per esempio: « chi spera in Jahwè possederà la terra », « gli umili possederanno la terra », Sal 36, 9 e 11). Il Vangelo di Marco, ritenuto il più antico, presenta Gesù anzitutto come un potente mago, e ovunque nei vangeli le guarigioni che opera sono il segno dell'irrompere della potenza salvifica di Dio (Mt 9, 35). Mandando i dodici ad annunciare la « buona notizia » del regno che è « vicinissimo », egli ordina: « guarite i malati, risuscitate i morti, mondate i lebbrosi, cacciate i demoni» (Mt 10, 7-8). Ai discepoli di Giovanni Battista imprigionato, che vengono a chiedergli se è lui il Messia, Gesù risponde, tessendo il suo linguaggio con immagini profetiche di Isaia: «Andate e riferite a Giovanni quello che udite e vedete: i ciechi vedono e gli storpi camminano, i lebbrosi sono guariti e i sordi odono, i morti risuscitano e la buona notizia è annunciata ai poveri» (Mt 11, 4-5). In una società in cui per guarire il cieco Gesù gli mette sugli occhi il fango che impasta con la propria saliva (Gv 9, 6), e in cui Gesù ripropone tante e tante volte come immagine della salvezza messianica il banchetto di nozze, proprio come avevano fatto i profeti, nessuno fra coloro che lo ascoltava avrebbe potuto intendere che si trattava di figure allegoriche, che «banchetto» e «nozze», così come ciechi che vedono e morti che risuscitano dovevano significare tutt'altro di ciò che da sempre avevano significato. A meno che Gesù non avesse insistentemente detto e spiegato il capovolgimento, cosa che dai vangeli non risulta. Le sue insistenze sono ben altre. Il linguaggio dei sinottici, e specialmente quello di Marco e di Matteo che sono i più antichi, è inconfondibilmente concreto. Nell'ultima cena, bevuto l'ultimo calice, Gesù dice ai dodici: «Non berrò mai più del frutto della vigna fino al giorno in cui berrò il vino nuovo nel regno di Dio» (Mc 14, 25).

Ci sono però nei vangeli, come ho accennato, alcune espressioni che, uscite dall'ambito palestinese ed ebraico, sono state considerate come nette affermazioni del passaggio evangelico dalla prospettiva prevalentemente « materiale » dell'antico Testamento a quella prevalentemente « spirituale » del nuovo. C'è anzitutto l'*entòs ymôn* di Luca, che volentieri viene tradotto « in voi » « dentro di voi », cioè interiore e spirituale: « il regno di Dio è dentro di voi » (Lc 17, 21), anziché, come si dovrebbe, « in mezzo a voi », nel Messia che lo porta. C'è l'invito a farsi eunuchi in vista del regno (riportato solo in Mt 19, 12), e c'è la risposta a coloro che, negando la resurrezione dei morti, lo interpellavano chiedendogli a chi sarebbe appartenuta, nel regno, la donna che aveva avuto più mariti, tutti premorti a lei senza lasciare figli. Gesù risponde affermando, nel contesto di un'argomentazione dal tipico andamento rabbinico, che i morti risusciteranno (Mt 22, 31-32; Mc 12, 26-27), ma che, « nella resurrezione, in effetti, non si prende né moglie né marito, ma si è come angeli in cielo » (Mt 22, 30; Mc 12, 25). Non c'è ragione, tuttavia, per pensare che coloro che hanno lasciato tutto per seguire Gesù, il Messia finalmente venuto, non debbano ritrovare « nella rigenerazione, quando il Figlio dell'uomo siederà sul suo trono di gloria » e i dodici « siederanno anche loro su dodici troni, per giudicare [cioè governare] le dodici tribù d'Israele » (Mt 19, 28), la propria sposa insieme a tutti i beni che ave-

vano abbandonato. Anche dei gruppi di Esseni, in epoca intertestamentaria, si astenevano dalla donna, ma, come sembra ormai accertato, lo facevano seguendo le regole dell'antico Testamento per quanto riguarda la guerra e il sacerdozio: si trattava di trarre forza dalla purità rituale in attesa dell'imminente guerra santa escatologica, quella di cui parla in termini concretissimi il qumraniano *Rotolo della guerra*. Un'astensione sessuale, qui dunque di carattere rituale, intesa certamente come temporanea. Quanto alla condizione dei risorti, che non prenderanno «né moglie né marito», ma saranno «come angeli in cielo», il corrispondente passo di Luca definisce esplicitamente la condizione di somiglianza angelica (l'angelologia ebraica non è quella cattolica!) come il fatto che i corpi risorti non devono più morire (20, 36). In numerosi casi (come ad esempio quello della moneta del tributo da pagare a Cesare), Gesù, secondo l'uso rabbinico, sfugge abilmente alla difficoltà insita in una domanda dei suoi avversari: qui, verosimilmente, afferma la resurrezione dei morti eludendo il quesito legale che ne deriva, lasciando intendere, ma senza poterlo dichiarare, che nel regno i risorti non sottostanno alle regole stabilite nella Torah, e quindi neanche a quelle circa il prendere moglie o marito.
La centralità della resurrezione, nei vangeli e in tutto il nuovo Testamento, costituisce in realtà, di per sé, una conferma dell'oriz-

zonte della Bibbia ebraica. Implica infatti, come ha ben chiarito Oscar Cullmann nel suo libretto *Immortalità dell'anima o resurrezione dei corpi?*, che alle origini cristiane non c'è nessuna contrapposizione fra anima e corpo, spirito e materia. Alla carne è promessa la vita senza fine. In un deuterocanonico libro veterotestamentario, il secondo Libro dei Maccabei, la resurrezione dei morti è una sola cosa con la speranza di Israele, ne compendia per intero il senso (2 Mac 7); la stessa affermazione è più volte ripetuta da Paolo in diverse e solenni circostanze (At 17, 31-33; At 23, 6; At 24, 15; At 26, 6-8; Fil 3, 11). La morte, scrive Paolo, è «l'ultimo nemico» di Dio (1 Cor 15, 26). Nella più drammatica delle lettere a lui attribuite, l'apostolo, giunto alla fine della sua vita, identifica i falsi dottori che l'ostacolano, l'abbandonano, lo perseguitano, nei credenti paganeggianti che «si sono allontanati dalla verità pretendendo che la resurrezione ha già avuto luogo» (2 Tm 2, 18), interpretando cioè la resurrezione in senso puramente spirituale, mistico, come già pienamente operata dal battesimo. Un passo della Lettera ai romani – notissimo per la sua bellezza, ma dichiarato oscuro per sfuggire alla radicalità del suo contenuto – raccorda la prospettiva delle più antiche Scritture ebraiche, ancorata all'immediata realizzazione delle attese nell'attuale esistenza «naturale» e «mondana», con quella profetica, messianica e apocalittica che il nuovo

Testamento fa propria: « La creazione stessa attende con impazienza la rivelazione dei figli di Dio; essa infatti è stata sottomessa alla caducità ... e nutre la speranza di essere lei pure liberata dalla schiavitù della corruzione, per entrare nella libertà della gloria dei figli di Dio. Sappiamo bene infatti che tutta la creazione geme e soffre fino ad oggi nelle doglie del parto; essa non è la sola, ma anche noi, che possediamo le primizie dello Spirito, gemiamo interiormente nell'attesa dell'adozione, della redenzione dei nostri corpi. Poiché nella speranza siamo stati salvati. Ora, ciò che si spera, se visto, non è più speranza; infatti, ciò che uno già vede, come potrebbe ancora sperarlo? Ma se speriamo quello che non vediamo, lo attendiamo con perseveranza. Allo stesso modo anche lo Spirito viene in aiuto alla nostra debolezza, perché noi non sappiamo nemmeno che cosa sia conveniente domandare, ma lo Spirito stesso intercede con insistenza per noi, con gemiti inesprimibili » (8, 19-26).

L'URGENZA DELLA SALVEZZA

Il brano della Lettera ai romani che abbiamo riportato mantiene intatto l'orizzonte della salvezza come orizzonte concreto, visibile e tangibile, riferito alle creature, all'esistenza, alla corporeità; ma consente nello stesso tempo di misurare un drammatico allontanamento. Dio ha concretamente benedetto Abramo, Isacco e Giacobbe, e la Legge data per mezzo di Mosè stabiliva, in virtù del patto fra Dio e il suo popolo, una stretta correlazione tra fedeltà e felicità. La lunga storia successiva, come documentano già gli antichi profeti, il salmista, Giobbe, ha contraddetto questa aspettativa. Innumerevoli volte è scritto che, invece, sono proprio gli empi a prosperare e i giusti a patire. Il culmine di questa contraddizione viene toccato nel secondo secolo prima di Cristo, quando il sovrano siriaco Antioco IV Epifane impone agli ebrei di abbandonare la Legge e perseguita e uccide fra i tormenti coloro che si ostinano a osservarla. È allora che – per salvaguardare il senso delle promesse di Dio, e in esso quello della sua giustizia – si incontra per la prima volta in modo esplicito nelle Scritture ebraiche l'attesa della resurrezione dei morti: è scritto nel libro di Daniele che, dopo un tempo finale della storia del mondo, « un tempo d'angoscia » tale come mai ci fu (12, 1), « un grande numero di quelli che dormono nel paese della polvere si sveglieranno, gli uni per la vita eterna, gli altri per l'obbrobrio, per l'orrore eterno » (12, 2). Quella che doveva essere una retribuzione immediata, una giustizia che si attua nella « normale » storia del popolo, passa così attraverso una vicenda catastrofica, la quale mette fine a una storia che si allontana sempre più dalla giustizia di Dio e vede le generazioni dei suoi fedeli inghiottite dalle sofferenze e dalla morte. La realizzazione della giustizia di Dio si profila solo al di là della morte e di un terribile tempo della fine.

Eppure, malgrado questo tragico procrastinarsi dei tempi della salvezza, al quale contro ogni desiderio si è costretti via via ad arrendersi per l'evidenza dei fatti, la liberazione, la redenzione, la consolazione restano quelle, e non possono che essere pensate come imminenti. La struttura « greca » del cosmo sostenuto e animato da un logos eterno, e perciò identico nel passato, nel presente e nel futuro, non lascia nessuno spazio per concepire una salvezza delle creature, per loro natura contingenti e destinate quindi alla morte, in definitiva apparenze insignificanti che non coinvolgono in nessun modo la perfetta e immobile essenza divina, riflessa da sempre e per sempre nell'imperturbabile moto circolare delle luminose sfere celesti. Ma se le promesse di Dio sono fatte alla carne, la carne non può che esigerne l'immediato compimento. Il desiderio della carne è per adesso, non per il futuro, la carne è mortale e non può attendere, ha bisogno adesso di pietà e di consolazione, di vedere la giustizia di Dio regnare sulla terra.

La salvezza non può essere che per subito. È caratteristica la brevità della cronologia ebraica, che solo con penosa fatica è costretta ad allungarsi: i sette giorni della creazione che vengono poi tradizionalmente interpretati come i sette millenni che costituiscono l'intera storia del mondo, i settanta anni di esilio annunciati da Geremia (25, 11) che diventano le settanta settimane di anni di Daniele (9, 24). L'agnello pasquale, segno della salvezza, che si immolava in memoria dell'esodo, dell'uscita dalla schiavitù egiziana, si mangia con « le reni cinte, i sandali ai piedi, il bastone in mano ... in tutta fretta » (Es 12, 11). E la fretta, l'urgenza della salvezza, è un motivo che ritorna spesso nella Bibbia ebraica, soprattutto nei Salmi. « Vieni presto ... non tardare » (39, 14-18). « Svegliati, perché dormi, Signore? ... Perché nascondi la tua faccia, dimentichi la nostra oppressione, la nostra miseria? Poiché la nostra anima è sprofondata nella polvere, il nostro ventre è incollato alla terra. Su, vieni in nostro aiuto, salvaci per la tua misericordia» (43, 24-27). «Sono sfinito dal gridare, la mia gola brucia, i miei occhi sono consumati nell'attesa del mio Dio» (68, 4). «E io, povero e infelice! O Dio vieni presto! Tu, mio soccorso e salvatore, Jahwè, non tardare» (69, 6). «Sii fedele alla tua alleanza, perché la misura è colma, gli angoli della terra sono dimore di violenza» (73, 20). «O Dio, non restare muto, non più riposo, non più silenzio, o Dio» (82, 2). Nei Salmi, libro dell'invocazione, il ritornello è incessante, la preghiera è preghiera per la salvezza, perché trionfino finalmente la giustizia e la misericordia di Dio. Ma nel nuovo Testamento la fretta, l'urgere della salvezza, incalza ancora più violentemente, sebbene risulti invisibile ai teologi, non potendo trovar posto nei loro trattati.

Gesù dichiara che «sta per cadere su questa generazione» (Mt 23, 36) «il sangue dei giusti sparso sulla terra, dal sangue di Abele il giusto fino al sangue di Zaccaria ... che avete assassinato fra il santuario e l'altare» (Mt 23, 35). Nessuno può conoscere esattamente il giorno e l'ora (Mt 24, 36) in cui gli avvoltoi si raduneranno per fare scempio del cadavere del mondo (Mt 24, 28); ma « i tempi sono compiuti» (Mc 1, 15) e il Messia è venuto ormai a stabilire il regno promesso: «In verità vi dico: alcuni fra i presenti non gusteranno la morte prima d'aver visto il Figlio dell'uomo venire con il suo regno»

(Mt 16, 28). Davanti al sinedrio che lo abbandonerà alla morte, Gesù, riferendosi a una visione di Daniele, dichiara: « Ormai vedrete il Figlio dell'uomo sedere alla destra della Potenza e venire sulle nubi del cielo » (Mt 26, 64). Per questo il Sommo Sacerdote lo accusa di bestemmia (Mt 26, 65). La fine del vecchio eone, per l'instaurarsi del nuovo, è prossima: « Questa generazione non passerà senza che tutto questo sia accaduto. Il cielo e la terra passeranno, ma le mie parole non passeranno » (Mc 13, 30-31). Al momento della morte di Gesù sulla croce « la terra tremò, le rocce si spaccarono, le tombe si aprirono e numerosi corpi di santi trapassati risuscitarono: uscirono dalle tombe dopo la sua resurrezione, entrarono nella città santa e furono visti da parecchia gente » (Mt 27, 51-53).

Il tempo trascorso dopo la morte e la resurrezione di Gesù senza che nulla di decisivo avvenisse, costrinse le prime comunità a differire l'attesa. I cosiddetti « discorsi escatologici » di Gesù, nei sinottici, mostrano già il sovrapporsi e il confondersi della distruzione di Gerusalemme, che storicamente avviene nel 70, con la fine del mondo. E si trovano già, nelle parabole, riferimenti al Signore che tarda a tornare (Mt 25, 5; Lc 12, 36 e 45). Comunque, nel nuovo Testamento, l'attesa dell'avvento del regno di giustizia – senza che Gesù patisse la morte, o nel momento stesso della sua morte, o poco dopo, con la sua resurrezione o con il suo ritorno –

resta in sostanza entro i confini temporali della generazione che aveva visto e ascoltato il Cristo lungo le strade della Palestina. Il Vangelo di Giovanni riporta queste parole che Gesù, alludendo alla propria morte, avrebbe pronunciato durante l'ultima cena, all'immediata vigilia della passione: « Vado a prepararvi un posto, e quando sarò andato a prepararvi un posto, tornerò a prendervi con me » (14, 2-3); un annuncio rivolto, evidentemente, ai discepoli che erano con lui a tavola. Anche la conclusione di questo vangelo implica che il Cristo ritornerà quando il testimone dei fatti narrati e autore del quarto vangelo – l'apostolo Giovanni, secondo l'attribuzione tradizionale – sarà ancora vivo (Gv 21, 20-23).

Il ritorno del Cristo – la parusia – sarà la spasmodica speranza e la delusione delle prime generazioni cristiane. Si dovrebbero fare tantissimi riferimenti, ma almeno alcuni sono essenziali. Parlando al popolo per annunciare la salvezza in Gesù Cristo, Pietro dice: « Pentitevi dunque e convertitevi, affinché i vostri peccati siano cancellati, e così possano giungere i tempi della consolazione da parte del Signore ed egli mandi quello che vi aveva destinato come Messia, cioè Gesù » (At 3, 19-20). La vera venuta, qui, è il ritorno. Il già citato passo dal capitolo 8 della Lettera ai romani parla di gemito nell'attesa e riprende ancora l'immagine delle doglie del parto, che era stata degli antichi profeti e di Gesù. Paolo non dubita di essere, insieme ai corinzi ai quali indirizza la sua lettera, tra coloro « per i quali è arrivata la fine dei tempi » (1 Cor 10, 11). Qualche dubbio in proposito affiora invece nella seconda Lettera ai corinzi: « Quanti siamo in questo corpo, sospiriamo come sotto un peso, non volendo venire spogliati ma sopravvestiti, perché ciò che è mortale venga assorbito dalla vita » (5, 4). Paolo esprime qui non più la certezza, ma solo la speranza che il ritorno del Signore trovi ancora viventi i suoi corrispondenti di Corinto e lui stesso, in modo che il corpo animato dal soffio vitale che è la *psyché* (il *nefesh* ebraico) anziché passare attraverso la morte sia subito rianimato e reso immortale dalla potenza dello spirito divino (1 Cor 15, 44).

La morte dei primi credenti suscitò uno sconcerto di cui il nuovo Testamento conserva tracce molto nette. Se qualcuno fra coloro che nel battesimo sono morti e risuscitati con Cristo è, ancora, colpito dalla morte, ciò accade perché ha celebrato indegnamente l'eucaristia, e ha così mangiato e bevuto la propria condanna (1 Cor 11, 26-30). Ai tessalonicesi Paolo aveva già scritto per rassicurarli circa la sorte dei credenti che continuavano a morire, dando per certo che « noi, i viventi, noi che saremo ancora qui per la venuta del Signore », ci riuniremo a « coloro che si sono addormentati » (1 Ts 4, 15) per andare con loro incontro al Cristo che discende dal cielo (1 Ts 4, 13-18). Un'altra evidente testimonianza della crisi causata nella chiesa delle origini dal ritardo della parusia, è data dalla questione delle seconde nozze. Le seconde nozze sono consentite (Rm 7, 2-3; 1 Cor 7, 39), ma « è meglio », ad avviso di Paolo, che la vedova non si risposi (1 Cor 7, 40). Ma poi, esperienza fatta, Paolo vuole che le più giovani si sposino (1 Tm, 5, 14), per evitare il peggio, sebbene l'essere state mogli di un solo marito, o mariti di una sola moglie, permanga un ideale (1 Tm 5, 9; 3, 2 e 12) chiaramente legato all'attesa dell'imminente resurrezione. Il tempo del mondo, che continua a scorrere, rende praticamente impossibili comportamenti conformi alla perfezione del regno, come li aveva pretesi Gesù: siate perfetti come è perfetto il Padre (Mt 5, 48).

Ovunque nel nuovo Testamento è ripetuto che siamo giunti all'« ultima ora » (1 Gv 2, 18) della storia del mondo. Giacomo annuncia ai ricchi che sta per abbattersi su di loro il castigo: « E ora a voi, ricchi! Piangete, urlate sulle sciagure che stanno per colpirvi. La vostra ricchezza è imputridita, le vostre vesti sono divorate dalle tarme. Il vostro oro e il vostro argento sono consumati dalla ruggine, e la loro ruggine testimonierà contro di voi e divorerà le vostre carni come un fuoco. Avete accumulato tesori per l'ultimo giorno! Ecco, il salario da voi defraudato ai lavoratori che hanno mietuto le vostre terre grida; e le proteste dei mietitori sono giunte alle orecchie del Signore degli eserciti. Avete gozzovigliato sulla terra

e vi siete saziati di piaceri, vi siete ingrassati per il giorno della strage. Avete condannato e ucciso il giusto: egli non vi resiste. Siate dunque pazienti, fratelli, fino alla venuta del Signore» (Gc 1, 7), perché «la venuta del Signore è prossima» (Gc 5, 8), «il giudice è alle porte» (Gc 5, 9).
Ma compare anche una domanda, alla quale si dà una stentata risposta: «Verranno negli ultimi giorni schernitori beffardi, i quali si comporteranno secondo le proprie passioni e diranno: Dov'è la promessa della sua venuta? Dal giorno in cui i nostri padri hanno chiuso gli occhi tutto è rimasto come al principio della creazione» (2 Pt 3, 3-4). La risposta (come già era scritto nei Salmi) è che «davanti al Signore un giorno è come mille anni e mille anni come un giorno solo. Il Signore non ritarda nell'adempiere la sua promessa, come alcuni credono; ma usa pazienza verso di voi, non volendo che alcuno perisca, ma che tutti abbiano modo di pentirsi. Il giorno del Signore verrà come un ladro; allora i cieli con fragore passeranno, gli elementi consumati dal calore si dissolveranno e la terra con quanto c'è in essa sarà distrutta» (2 Pt 3, 8-10). «E poi, secondo la sua promessa, noi aspettiamo nuovi cieli e una terra nuova, nei quali avrà stabile dimora la giustizia» (2 Pt 3, 13, ma del resto l'espressione si trova già in Isaia). Tuttavia questa tarda seconda Lettera di Pietro si riferisce anch'essa ad eventi che devono compiersi durante la generazione dei suoi desti-

natari. Si è, infatti, « negli ultimi giorni » (3, 3), i lettori della lettera – ai quali viene accordato un ulteriore tempo per il pentimento (3, 9, come pure nella parabola del fico sterile, Lc 13, 6-9) – sono invitati ad attendere la venuta del giorno di Dio (2 Pt 3, 12), e viene loro raccomandato: « Nell'attesa di questi eventi, cercate di essere senza macchia e irreprensibili davanti a Dio, in pace » (2 Pt 3, 14).
Secondo un criterio esegetico più che affermato, e del resto ovvio, le cospicue testimonianze che nel nuovo Testamento permangono dell'attesa di una salvezza « materiale » e urgente hanno tanto più significato in quanto, nella loro dolorosa smentita, contraddicono l'affermazione fondamentale della salvezza ormai venuta in Gesù Cristo.
Noi veniamo quasi duemila anni dopo. Non c'è bisogno di essere « schernitori beffardi » – come è scritto nella seconda Lettera di Pietro – per accorgersi che le promesse non sono state mantenute, che i miti non hanno mai posseduto la terra (Mt 5, 4), che Dio non ha reso ai suoi fedeli « pronta giustizia » (Lc 18, 8), come Gesù invece ci assicurava dopo aver raccontato la parabola del giudice iniquo e della vedova importuna. Dinanzi a questo fatto, se non si vuole chiudere gli occhi e far finta di niente, al credente resta una sola scappatoia. Potremmo sempre dire che sta a noi « affrettare » (2 Pt 3, 12) la venuta del giorno di Dio « nella santità della condotta e nella pietà » (2 Pt 3, 11), che la

nostra conversione è quindi la condizione stessa perché «possano giungere i tempi della consolazione da parte del Signore ed egli mandi quello che vi aveva destinato come Messia, Gesù» (At 3, 19-20). Dopo duemila anni è una meschina scappatoia, perché se la potenza dell'incarnazione e della passione del Signore non ci ha resi capaci finora, in venti secoli da quando è scoccata «l'ultima ora» del mondo, di convertirci alla santità e alla pietà, è insulso pensare che ne diventiamo capaci adesso che abbiamo addirittura dimenticato il senso delle promesse in cui avevamo creduto. Vogliamo continuare per altri millenni a giocare al gioco di Dio che non ci aiuta perché non lo meritiamo e dell'uomo che non è in grado di meritare nulla senza il suo aiuto?

La parabola del giudice iniquo si chiude con un'altra domanda: «Ma il Figlio dell'uomo, quando verrà, troverà forse la fede sulla terra?» (Lc 18, 8). La risposta non può essere che questa: egli dovrà venire, se verrà, malgrado la nostra mancanza di fede. E non sarà tutta colpa degli uomini se la fede sarà andata perduta. Noi siamo qui soltanto perché siamo i figli di questo immane, insostenibile ritardo.

IL DIO DEBOLE

Le promesse procrastinate per millenni sono dunque, di per sé, delle promesse non mantenute, delle promesse fallite. Resterebbero tali anche se dovessero compiersi in questo istante, manterrebbero comunque al loro interno, anche se ne venisse cancellata la consapevolezza, un abisso di delusione, di stanchezza. Il Messia, come ha detto Kafka, sarebbe arrivato «solo un giorno dopo il proprio arrivo», quando l'attesa si è consumata. Dopo interminabili doglie, secondo il testo ebraico di Isaia, «abbiamo partorito vento» (26, 18). Questa è certamente una sconfitta dei credenti, una sconfitta della fede, ma è anzitutto una sconfitta di Dio, che lungo tutte le pagine della Bibbia si rivela come colui che dà la vita, come colui che salva. Il fallimento della salvezza è il fallimento stesso di Dio.

Ma la storia di Dio è, fin dalla prima pagina della Bibbia, una storia di sconfitte. Secondo la Kabbalah di Yitzchaq Luria – siamo nel sedicesimo secolo – la creazione del

mondo è resa possibile dallo *tzimtzum*, il «contrarsi» di Dio. Nella sua totalità infinita e perfetta, che non lascia nulla al di fuori di sé, non avrebbe altrimenti potuto trovare posto ciò che è altro da lui. Il contrarsi cabbalistico di Dio non consiste nella concentrazione della sua potenza in un luogo, come nel tempio di Gerusalemme, ma nel suo ritrarsi dal luogo: il luogo esiste dal momento in cui Dio si ritrae. Lo *tzimtzum*, dice Scholem, non è solo far posto alle cose create, rendere possibile un punto dove non ci sia Dio perché lì ci sia la realtà del mondo, ma significa proprio un autolimitarsi di Dio, che la Kabbalah ha audacemente pensato come modello della condizione esilica del popolo ebraico. Senza questo ripiegamento in se stesso dell'infinito Dio, non potrebbe esserci al di fuori di lui una realtà diversa, e solo questa situazione preserva le cose finite dal perdere nuovamente la loro specificità reimmergendosi nel divino.
Ma anche senza ricorrere all'abissale dottrina cabbalistica dello *tzimtzum*, l'atto creativo implica la sussistenza, da quel momento in poi, di qualcuno o qualcosa che, distinguendosi da Dio, non ha la sua stessa pienezza di vita e di giustizia. I progenitori edenici vengono presentati dalla Scrittura come liberi di sottrarsi all'obbedienza del comandamento divino. La creazione, in quanto altro da Dio, comporta dunque almeno la possibilità di opporsi alla volontà di Dio, la possibilità della colpa e della morte: immediata-

mente dopo la ribellione di Adamo ed Eva, la Bibbia racconta l'assassinio di Abele compiuto dal fratello Caino. Entra così la morte, che Dio « non ha creato » (Sap 1, 13), ma che, creando il mondo, egli ha reso possibile. E la reazione che la Scrittura attribuisce a Dio dinanzi alla disobbedienza dei progenitori è di paura (Gn 3, 22), la stessa che avrà di fronte ai costruttori della torre di Babele (Gn 11, 6).
S'instaura, nel momento stesso della creazione, una condizione di estrema precarietà. La giustizia di Dio è incompatibile, in realtà, con l'esistenza degli uomini e del mondo. A rigore, Dio, essendo giusto, dovrebbe impedire l'ingiustizia, annientare coloro che compiono il male, come quando, è scritto nel libro dell'Esodo, di fronte alle colpe degli ebrei usciti dall'Egitto rifiuta di accompagnare il suo popolo: « Se vi accompagnassi, non fosse che per un momento, vi sterminerei » (33, 3 e 5). Dio non può dunque esercitare la sua giustizia nel mondo. Si deve stabilire così un meccanismo compensatorio, che si manifesterà sempre più insufficiente e manchevole, ma che nelle Scritture, sia ebraiche sia cristiane, ha un ruolo assolutamente fondamentale, anche se a noi moderni appare assurdo e inconcepibile. Il mondo, essendo ingiusto – e dovendo permanere, se permane, al cospetto della giustizia divina –, si sostiene su atti sacrificali che hanno anzitutto il potere di espiare ogni volta la colpa, di « compensa-

re» l'ingiustizia, di ripristinare l'equilibrio continuamente rotto. La teoria sacrificale sembra del resto appartenere a tutte le culture umane che ci hanno preceduto, ed essere scomparsa soltanto dopo aver toccato il suo culmine nell'uccisione dell'unica vittima perfetta, Gesù Cristo, il quale, dice la Lettera agli ebrei, « adesso, una volta per tutte, alla fine dei tempi, si è manifestato per abolire il peccato per mezzo del suo sacrificio » (9, 26). Non solo le realtà terrestri ma le stesse realtà celesti devono essere purificate per mezzo del sangue (9, 23), e « senza effusione di sangue non c'è nessun perdono » (9, 22). Già con la creazione, dunque, Dio è costretto ad allontanarsi dal mondo, e la sua giustizia, per quel tanto che cerca di coesistere con il mondo, è costretta a farlo applicando la terribile legge dell'espiazione per mezzo del sangue, la quale giungerà a coinvolgere, nella croce di Cristo, Dio stesso.

Ma neanche la creazione, con tutti i suoi orrori, è la prima sconfitta di Dio. C'è « qualcosa » di logicamente, se non cronologicamente, antecedente, che consiste, secondo il linguaggio dei filosofi, nell'atto di libertà originaria con il quale Dio pone se stesso. Dio, secondo la tradizione ebraica, non è l'Essere, ma piuttosto il *go'el*, il « vendicatore », il redentore delle ingiustizie dell'essere. Già Lutero aveva alzato la voce contro l'idolatria aristotelica alla quale, da sempre si può dire, si sono asserviti i teologi cattolici, e non soltanto cattolici. Il Dio-« Essere », il Dio « motore immobile » dell'universo è stato chiamato – da Paolo De Benedetti – un « mito metafisico ». Catturato dall'orizzonte dell'essere, il Dio biblico acquista le connotazioni, mitologiche appunto, dell'assoluta immutabilità, dell'infinità, dell'eternità, dell'onnipotenza, che la Scrittura non afferma, almeno non in modo diretto ed esplicito. Scholem ha notato che la concezione biblica di un Dio vivente non è compatibile con il principio dell'immutabilità di Dio. Un altro pensatore ebreo contemporaneo, Hans Jonas, usa l'immagine di un Dio diveniente, un Dio cioè che diviene nel tempo anziché possedere un essere completo, sempre identico a se stesso, nell'eternità. Del resto, la tradizione ebraica ha parlato dell'« unificazione » di Dio con la sua *Shekhinah* – la sua presenza nel mondo, la sua gloria, interpretata come la sua sposa – soltanto nel futuro, traducendo le parole rivolte a Mosè dal roveto ardente con « io sono colui che sarà » (Es 3, 14), mentre noi, traducendo « io sono colui che è », ne abbiamo fatto un argomento in favore del concetto di Dio-« Essere ». Della dinamicità della « vita endodivina » è comunque testimonianza il « mistero » della Trinità, sebbene finisca per soffocarla in goffi tentativi di razionalizzazione.

Da parte ebraica si incontra spesso, in modi diversi e in tensione con l'opposta polarità, l'affermazione della finitezza, dell'impotenza, della sofferenza di Dio, che è in definitiva quella stessa della sua cabbalistica autolimitazione. La si incontra, per venire poi ad autori contemporanei, e sotto la terribile spinta di Auschwitz, in Neher, in Wiesel, in Jonas. Secondo Jonas, se Dio è buono e comprensibile (nel senso in cui ne parla la Bibbia) allora non può essere onnipotente; e se è onnipotente e buono insieme, non è comprensibile (soprattutto, non è comprensibile dopo Auschwitz). I tre attributi non possono insomma stare insieme: Dio è buono solo se non è onnipotente, unicamente a questa condizione possiamo affermare, nonostante l'esistenza del male nel mondo, che Dio è comprensibile e buono. L'attributo dell'onnipotenza deve dunque sparire. D'altra parte, se nessuna onnipotenza si è mai data, se Dio non è mai stato e mai sarà onnipotente, sembra disfarsi il senso stesso del Dio unico: qualcosa o qualcuno, allora, lo limitava o lo limita fin dall'origine, e forse a questo qualcosa o qualcuno dovremmo allora attribuire il nome di « Dio ». Jonas pensa che Dio ha scelto di affidarsi all'avventura dello spazio e del tempo, e ha rinunciato alla propria divinità per recuperarla alla fine.

Schelling – l'ultimo Schelling, che soccombette al trionfo hegeliano, ma al quale non mancarono, e non mancano, seguaci – pensava che l'onnipotenza implica anche la possibilità della rinuncia all'onnipotenza. Gli uomini del resto non possono parlare di

Dio se non in modo metaforico e mitico, neanche i filosofi che tentano di interpretare tale linguaggio trascrivendolo in termini e argomenti « razionali ». Si naufraga presto dinanzi all'idea impensabile di un Dio che, non essendo all'origine limitato da nulla e da nessuno, non sottostà perciò neppure alla necessità logica, e quindi avrebbe potuto far sì, anche, che le sue creature fossero insieme libere e impeccabili, felici. Domande come queste hanno già afflitto le menti dei filosofi nei lontani secoli del Medioevo. Per questa via non se ne esce, ma naturalmente nulla garantisce che ce ne sia un'altra. Luigi Pareyson, sulle orme di Schelling, ha parlato di un « Dio prima di Dio », per indicare che c'è un atto di libera volontà originario nel quale Dio pone se stesso. Non è, quella di Dio, la libertà di sceglire fra due alternative, ma una libertà che proprio nel darsi pone l'alternativa in quanto tale. Ponendo se stesso, Dio pone, insieme, la scelta fra bene e male, e, in quel medesimo atto, sceglie il bene: il male è così, da sempre, in lui, ma in lui è vinto, soggiogato, « superato ». Proprio per questo il male è una possibilità che si rende poi disponibile alle scelte di ogni uomo.

Le Scritture offrono invece, secondo me, un quadro diverso da questo, in cui la scelta originaria di Dio non è il bene; e Dio stesso, in definitiva, non mi pare troppo diverso dall'essere, se la scelta, da sempre, del proprio essere Dio, della propria vittoria sul male, in una parola della propria onnipotenza, è necessariamente destinata, per quante vicende di ribellione gli uomini possano tentare, a trionfare, imponendo alla fine il castigo degli empi. Dio è allora nell'eternità, e nell'eternità, che è il luogo della verità, già da sempre trionfa, sebbene gli occhi di chi vive nel tempo non possano vederlo. Autori come quelli che ho ricordato sopra – ma si potrebbe ricordare anche Šestov, anche Bloch, e altri ancora – prendono invece la scelta originaria di Dio e la possibilità del male su un versante più radicalmente tragico. E su questo versante sta un passo del nuovo Testamento in cui ci si è accontentati di leggere un inno liturgico al Verbo divino che incarnandosi si spoglia, non della sua « natura » divina, ma delle apparenze gloriose che la manifestano e che la rendono riconoscibile. Le parole, riferite al « Cristo Gesù » (Fil 2, 5), sono letteralmente queste: « Essendo in forma di Dio, non tenne lo stato d'uguaglianza con Dio come una preda, ma si vuotò di se stesso assumendo la forma di uno schiavo, diventando simile agli uomini; ed essendo stato trovato come un uomo per il suo aspetto, si umiliò obbediente fino alla morte, e a una morte sulla croce. Così Dio lo ha esaltato e gli ha dato il Nome che è al di sopra di ogni nome » (Fil 2, 6-9). Nel versetto 6 e nel versetto 7 c'è la parola *morphé*, « forma », e questo consente di interpretare la chenosi divina (*ekénosen*, da *kenóo*, « rendo vuoto ») come svuotamento, privazione dell'apparenza della gloria di Dio: il passo s'interpreta, dunque, in riferimento alla manifestazione esterna del Verbo incarnato nel mondo, e non a qualcosa che accade nell'intimo del divino Vivente. Il supremo « mistero » dell'Incarnazione viene così compreso, *quoad Deum*, come soltanto formale, senza rapporto con l'altro grande « mistero » cristiano della Trinità, dimenticando così il « principio teologico » della *communicatio idiomatum*, per il quale ciò che si afferma di Gesù in quanto uomo si afferma di Dio stesso.

Il passo della Lettera ai filippesi riportato sopra consente una lettura molto più radicale. È Dio stesso che, in Cristo, percepisce come una preda, e cioè come se fosse il frutto di una rapina, il proprio essere Dio. Secondo l'eterna necessità dell'essere, Dio è Dio e l'uomo è uomo, debole e pieno di dolorose limitazioni: che giustizia c'è in questo? La scelta originaria di Dio non è perciò la scelta di ciò che è nei confronti di ciò che non è, di ciò che ha valore nei confronti di ciò che non ha valore, della vita nei confronti della morte, della gloria e della libertà nei confronti dell'umiliazione e della schiavitù, ma è proprio la scelta opposta. Come ha detto Paolo, Dio « ha scelto ciò che non è » (1 Cor 1, 28). Dio ama, nella vita, non ciò che è forte e necessario, ma ciò che è debole e mortale, bisognoso di consolazione. Ma il passo della Lettera ai filippesi esprime anche, pur muovendo dall'idea del

Cristo come Verbo divino preesistente, l'opposta cristologia adozionista, testimoniata dagli strati più antichi del nuovo Testamento (At 2, 36): Gesù « diventa » Cristo e riceve il nome divino di « Signore » (Fil 2, 11), viene cioè divinizzato proprio perché si è umiliato fino a morire sulla croce. In questo appare un singolare modo di argomentare specialmente ebraico, che troviamo espresso in tanti luoghi, e ancora in Benjamin, per il quale il tempo scorre dal futuro, che sta alle nostre spalle e non vediamo, verso il passato, che abbiamo perciò davanti ai nostri occhi. Quello che il nostro « greco » orientamento protologico vede all'origine sta così, escatologicamente, nel futuro, che, dice ancora Benjamin, darà un senso alla vicenda del passato.
Tutto questo affannoso discorso più o meno mitologico tenta di dire l'intima dimensione di debolezza, di finitezza, di limite, di sofferenza nella quale ci è rivelato, e ci è dato in quel limite di comprendere, Dio: una dimensione biblica, una dimensione presente sempre nella tradizione del giudaismo, una dimensione che dovrebbe essere soprattutto cristiana – perché la fede in Gesù Cristo è l'affermazione della croce di Dio – ma che i secoli cristiani hanno invece dissolto in categorie filosofiche astratte e incompatibili, affermando proprio ciò che la croce frontalmente nega, e cioè la struttura necessaria e garantita dell'« Essere » e quella, corrispondente, della « Ragione ». Il Dio

che sceglie la debolezza, ciò che non è nei confronti di ciò che è, è un Dio separato da se stesso, lacerato nei confronti di ciò che costituisce la pienezza della propria divinità: e questa originaria lacerazione in Dio, che solo alla fine conquisterà il trono della sua potenza e della sua gloria, è il « mistero » (ossia, nel linguaggio del nuovo Testamento, la verità svelata e rivelata, nell'attesa del suo perfetto compimento escatologico) della Trinità divina.

L'Apocalisse ci mette di fronte a ripetute affermazioni che l'ormai defunta teologia di matrice aristotelica non ha mai potuto prendere seriamente in considerazione. Voci celesti gridano annunciando che finalmente « la regalità del mondo è acquisita al nostro Signore e al suo Cristo, e regnerà nei secoli dei secoli » (11, 15). « Tu hai preso in mano la tua immensa potenza, per stabilire il tuo regno » (11, 17). « Ormai, la vittoria, la potenza e la regalità sono acquisite al nostro Dio, e la dominazione al suo Cristo » (12, 10). « Alleluia! Perché ha preso possesso del suo regno, il Signore, il Dio Dominatore-di-tutto » (19, 6). Ma questo è detto profeticamente, nella fede, nella speranza delusa da millenni. E, mentre l'indice addita il futuro sperato, lo addita dall'esperienza di un Dio assente dal mondo, un Dio che deve misteriosamente pervenire alla propria divinità attraverso la lacerazione e la sconfitta.

UNA STORIA DI FALLIMENTI

La storia così come la racconta la Bibbia è la storia di una continua caduta, nei confronti della quale gli eventi che testimoniano Dio sono momenti puntiformi, eccezioni che consentono di misurare il decadimento. Ciò che accade non è leggibile come il dispiegarsi di una divina provvidenza che regge il mondo, come una divina pedagogia che fa crescere gli uomini e li attrae a sé. Né si spiega negando l'esistenza di Dio, ipotesi, del resto, non più facilmente sostenibile di quella contraria (i filosofi, da ultimo Heidegger, si trovano comunque di fronte all'impossibile domanda: « Perché l'essere e non piuttosto il nulla? »). Per chi prende sul serio il male, per chi pensa quindi che rispondere alla vita e alla morte che ci interpellano negli altri e in noi stessi non vuol dire rispondere come se ci trovassimo dinanzi a un rebus o a una sciarada, cercando cioè il gioco di parole che « risolve », che « funziona », le cose appaiono meno insensate se si osa sperare che ciò che « accade » – in cielo, in terra, fra gli uomini – procede da Dio, ma da un Dio che non ha il dominio assoluto su ciò che ha creato. La Bibbia, se la leggiamo senza lasciarci troppo ingannare dal nostro antico postulato metafisico o dal nostro moderno postulato evoluzionista, colpisce anzitutto come la registrazione di vicende fallimentari. Fallimentari per gli uomini, ma fallimentari anzitutto per Dio, se lo riconosciamo, come al credente è rivelato dalla Scrittura, « Dio di tenerezza e di pietà » (Es 34, 6). Il terzo dei cinquanta capitoli in cui è stata suddivisa la Genesi, che è il primo nella successione dei libri biblici, contiene il racconto della colpa dei progenitori e della loro condanna alla tribolazione e alla morte. Sono solo i primi due capitoli a parlarci di ciò che è stato creato « buono » (1, 12), « molto buono » (1, 31). Il quarto capitolo è già quello di Caino e dell'uccisione di Abele, e con il sesto comincia il diluvio universale. Il nuovo ordine del mondo che si stabilisce dopo il diluvio è dichiaratamente un ordine più basso (8, 21), dove fra l'altro diventa lecito mangiare la carne degli animali (9, 3). Il libro successivo alla Genesi, l'Esodo, inizia con le sofferenze degli ebrei schiavi in Egitto, e attraverso il racconto delle *mirabilia Dei* che operano la loro liberazione l'orizzonte della salvezza viene definitivamente ridotto al solo, piccolo popolo di Israele. Ma tutti coloro che uscirono dall'Egitto sotto la guida di Mosè per raggiungere la terra promessa moriranno nel

deserto, e le nuove generazioni che vivranno nel nuovo paese non conosceranno affatto il bene e la pace.
Ogni genere di violenza – bellica, sacrificale, giudiziaria – riempie le pagine della Bibbia e ne fa un testo oggi poco comprensibile, che suscita orrore in chi tenta di leggerlo. Che rapporto c'è fra tutte quelle violenze e la tenerezza di Dio, che pure si svela affiorando come un continuo controcanto a tutto ciò che, accadendo, la contraddice? La storia degli ebrei, il popolo di Dio, conosce terribili disastri: nel 587 avanti Cristo, Gerusalemme cade nelle mani dei nemici, la città e il tempio vengono distrutti, e in seguito a ciò sarà smarrita la lingua sacra e all'interno del popolo eletto si creerà una nuova Babele. Ma già intorno all'ottavo secolo avanti Cristo i profeti avevano annunciato il peggio. Amos per primo aveva parlato di un miserabile resto che si sarebbe salvato nel crollo del paese: « Così parla Jahwè. Come un pastore strappa dalla gola del leone due zampe o il lobo di un orecchio, così saranno salvati i figli di Israele » (3, 12). La parola « resto » compare per la prima volta nello stesso libro (5, 15). Il « resto » è costituito dagli *'anawim*, gli umili, i poveri, i miti; gli *'aniyim*, gli oppressi, i *dallim*, i deboli, i piccoli; gli *evyonim*, gli indigenti: « Cercate Jahwè, voi tutti, gli umili della terra ... Cercate la giustizia, cercate l'umiltà: forse sarete al riparo nel giorno dell'ira di Jahwè » (Sof 2, 3). « Non lascerò

sussistere nel tuo seno che un popolo umile e modesto, ed è nel nome di Jahwè che cercherà rifugio il resto di Israele. Non commetteranno più iniquità, non diranno più menzogna ... Ma potranno pascolare e riposarsi senza che nessuno li inquieti» (Sof 3, 12-13). Gesù ripeterà le parole del libro di Isaia: «Lo spirito del Signore Jahwè è su di me, perché Jahwè mi ha consacrato con l'unzione. Mi ha mandato a portare la buona notizia ai poveri, a fasciare le piaghe dei cuori spezzati» (Is 61, 1; Lc 4, 18). Se la ricchezza appare, in numerosi libri biblici, segno di benedizione di Dio, e la povertà spesso segno della pigrizia, della colpa, nei profeti, restando ferma la prospettiva delle promesse di benedizioni «materiali», lo «spirito di povertà» (che Gesù nomina nelle «beatitudini», Mt 5, 3, e che sarà nettamente frainteso) è il segno paradossale della predilezione di Dio, dal momento che il mondo è divenuto preda degli empi che hanno usurpato il suo potere. Il «piccolo resto» degli *'anawim*, di coloro che sono poveri e hanno lo «spirito di povertà», ripete così in sé il gesto originario di Dio: quello il cui significato Simone Weil ha espresso come la scoperta della «parentela del male con la forza, con l'essere, e del bene con la debolezza, il nulla».

Gli sconfitti sono dalla parte di Dio, la parte di Dio è la sconfitta. Dinanzi all'infelicità dei poveri, dei cuori spezzati, viene meno, in Dio, la stessa giustizia, e avanza in suo luogo la misericordia. Il povero, l'infelice, può essere spinto dalla sua povertà e infelicità a cercare in Dio il salvatore, a osservare la sua legge. Ma Dio ha pietà di lui e lo vuole salvare non perché il povero sia giusto, ma proprio perché è povero ed è infelice. Così, anche nei vangeli, i pubblicani e le prostitute precedono i giusti perché hanno lo « spirito di povertà », perché sanno cioè di non possedere nessuna ricchezza spirituale, di non poter contare sulla propria giustizia. « Non sono venuto a chiamare i giusti, ma i peccatori » (Mt 9, 13). Proprio in questo salvare non quelli che compiono opere giuste, ma quelli che suscitano pietà, che hanno bisogno di pietà, Dio subisce però un'ulteriore sconfitta. In un racconto ebraico tradizionale, Dio, dopo aver creato uno dopo l'altro numerosi mondi secondo la « misura della giustizia », ed essendo stato perciò costretto a distruggerli, decise infine di creare un mondo secondo la « misura della misericordia »: ed è questo che conosciamo, in cui il male, venendo tollerato, cresce e dilaga. Passando dalla giustizia – per la quale l'uomo, entrato nel patto di alleanza con Dio, viene in qualche modo sollevato all'altezza del contraente divino – alla misericordia, Dio « si accontenta » dell'uomo così com'è, che non può non commettere il male (Ger 13, 23), e promette di dargli per pietà quello che non potrebbe conseguire secondo giustizia. Sebbene anche nel perdono ci sia

una gioia, il perdono è dunque una delusione, una sconfitta di Dio.
Nell'incarnazione, passione e morte di Gesù Cristo, la più terribilmente inflessibile giustizia e la più arrendevole misericordia si confondono, non hanno più confini. Il Padre fa cadere sul Figlio, il perfetto innocente, tutto il peso della sua giustizia. Anche se è così lontano dalla nostra moderna sensibilità, questo dicono le Scritture cristiane, seguendo il modello veterotestamentario del servo sofferente di Jahwè (Is 52, 14-53, 12). Gesù Cristo è l'agnello che prende su di sé i peccati del mondo (Gv 1, 29), è colui che pende dal legno essendo stato fatto peccato e maledizione per noi (2 Cor 5, 21; Gal 3, 13), colui che ha pagato il nostro debito al nostro posto (Col 2, 14). Per questo, in questo, nel fatto cioè che è lui a subire il castigo da noi meritato, noi veniamo perdonati. In questo terribile modo si congiungono, in Gesù Cristo, la giustizia e la misericordia di Dio. Anche più paradossalmente, del resto, si congiungono in lui Dio e l'uomo. La Bibbia ebraica esprime ripetutamente orrore per gli ibridi (per esempio in Lev 19, 19): un senso di orrore che la tradizione giudaica ha conservato; e Gesù Cristo è, se si può dire, l'«ibrido» supremo. (Ma un oscuro annuncio dell'eccellenza dell'ibrido supremo si può leggere negli abiti di tessuti di specie diversa che, secondo una certa tradizione, avrebbe indossato il Sommo Sacerdote, e lui soltanto). L'antico dogma definisce

Maria « madre di Dio », e non soltanto « madre di Cristo », ma il farsi uomo di Dio, il suo nascere da una donna, qualunque cosa ciò possa significare, significa certamente, per le Scritture cristiane e per tutta la tradizione cristiana, un « abbassamento » di Dio. Incarnandosi, Dio perde in Gesù la stessa coscienza di essere Dio. Un evento, questo, non pensato mai fino in fondo, perché le categorie « greche » della teologia non lo consentono, ma sentito tale dalla pietà dei fedeli, che con san Francesco hanno pianto di commozione e di pena dinanzi al bambino nella mangiatoia di Betlemme, povero, inerme, predestinato alla croce, mentre gli angeli riempiono il cielo con l'annuncio dell'evento gioioso della nascita del Salvatore. Il primo effetto di questa nascita straordinariamente salvifica sarà la « strage degli innocenti ».

Non essendo venute la giustizia e la pace del regno di Dio, l'annuncio cristiano è diventato, almeno a cominciare da Paolo (ma le sue prime lettere sono state scritte appena vent'anni dopo la crocifissione di Gesù), l'annuncio della « morte di Dio ». Questo è tanto vero che, malgrado la tendenza docetista diffusa tra i cristiani, malgrado tutte le sovrapposizioni di gloria che i secoli hanno accumulato sul patibolo del Golgota, la storia del mondo ha finito con il sancire quella morte: il grido di Nietzsche è sembrato nuovo, ma non era che un'eco del grido di Cristo. La Lettera agli ebrei parla del sacrificio perfetto in cui la vittima, il sacrificatore e colui al quale si offre il sacrificio coincidono, sono l'unico Dio. La logica sacrificale si è spinta al di là dei suoi confini, coinvolge totalmente Dio, e perviene all'assurdo: il sacrificio perfetto è anche il sacrificio perfettamente assurdo. La regola tradizionale ebraica vuole che la vittima sia uccisa infliggendole il minimo di sofferenza, e Gesù Cristo ha patito la più atroce delle morti. A noi è sembrato, lungo i secoli, un giusto prezzo, un equo riscatto per essere liberati da tutto il male che ci affligge. Paolo osava ancora dire quello che poi, se si fosse detto, sarebbe apparso bestemmia: « Poiché in effetti il mondo, per mezzo della sapienza, non ha riconosciuto Dio nella saggezza di Dio, è per mezzo della follia del messaggio che Dio ha voluto salvare i credenti » (1 Cor 1, 21); ed è solo perché « ciò che è follia di Dio è più sapiente degli uomini, e ciò che è debolezza di Dio è più forte degli uomini » (1 Cor 1, 25) che la follia e lo scandalo della croce – restando tali (Gal 5, 11) – possono diventare « potenza di Dio e sapienza di Dio » (1 Cor 1, 24). Alla croce è stato appeso e sulla croce è morto Dio, diventato peccato e maledizione, e si può solo sperare che la morte di Dio sia più sapiente e più forte della vita degli uomini.

Se a nascere da Maria, come è stato solennemente sancito dai concili ecumenici dell'antichità e creduto lungo i secoli, è Dio, a salire sulla croce non può essere altri che Dio.

Negli Atti degli apostoli è scritto esplicitamente che Dio si è acquistata la chiesa «al prezzo del suo proprio sangue» (20, 28). Gesù Cristo è «l'immagine di Dio» (2 Cor 4, 4); «chi ha visto me ha visto il Padre» (Gv 14, 9). «In lui abita corporalmente tutta la pienezza della divinità» (Col 2, 9), è «splendore della sua gloria, effigie della sua sostanza» (Eb 1, 3). Il linguaggio antropomorfico dell'antico Testamento, che i teologi disdegnano dall'alto della loro sapienza, si rivela qui non solo linguaggio profetico, ma profezia del vero linguaggio. Di fronte al grido del morente – «*Eli, Eli, lema sabactani?*», «Dio mio, Dio mio, perché mi hai abbandonato?» – che ci tramandano i due vangeli più antichi (Mt 27, 46; Mc 15, 34), gli stessi teologi ormai rinunciano alle tradizionali interpretazioni elusive, che vedono nel grido di Gesù l'inizio della devota recitazione del Salmo 22 (v. 2), e quindi, dal momento che il salmo finisce con parole di fiducia in Dio, il segno della sua serena accettazione della morte che i due vangeli più tardi faranno emergere (Lc 23, 46; Gv 19, 30). Un vecchio gesuita della Pontificia Università Gregoriana, Xavier Tilliette, dopo aver raccolto autorevoli consensi cattolici, ha concluso alcuni anni fa, in un suo scritto intitolato *Le cri de la croix*, che quel grido è «la pura espressione del gorgo. Dio entra nel terrore e nel freddo della morte, subisce la caduta vertiginosa nel tartaro profondo, è la preda dell'angelo dell'abisso ... Dio è morto, quale "grave parola", dice Hegel. Ha conosciuto le angosce della morte». La «discesa agli inferi» (Ef 4, 9; 1 Pt 3, 19), che è stata sempre rappresentata tradizionalmente come una trionfale vittoria, prima di essere del tutto dimenticata, appare l'esito dello sprofondamento e dell'annichilimento di Dio crocifisso.

Ma la fede crede nella resurrezione di Gesù Cristo dai morti. Crede, anche se con l'ascensione è scomparso dopo pochi giorni dalla vista degli uomini (At 1, 6-11). Crede, anche se la resurrezione è avvenuta nella notte e non sotto gli occhi di tutti come la morte, e se dunque nessuno, a rigore, ne è stato testimone, nessuno l'ha vista, ma ci sono, secondo il racconto del nuovo Testamento, solo testimoni del sepolcro vuoto o delle apparizioni di Gesù, ad alcuni, per alcuni giorni. E comunque quei testimoni non sono più fra noi da duemila anni, sicché più che credere alla loro testimonianza crediamo nel fatto che, «allora», si sia creduto sulla base di quella testimonianza, e si sia poi continuato a credere. Come la giustizia del suo regno, così ormai anche la resurrezione di Cristo può essere solo una speranza. Del resto l'eucaristia, la realtà sacramentale che è stata al vertice della religione cristiana, è, ancora per Lutero, il rinnovamento « mistico » della passione e della morte di Cristo, non della sua resurrezione. L'argomento decisivo per credere o non credere nella resurrezione di Gesù Cristo è, secondo Paolo, la resurrezione dei morti: « Se non c'è resurrezione dei morti, neanche Cristo è risuscitato. Ma se Cristo non è risuscitato, allora il nostro annuncio è vano, vana anche la vostra fede. Risultiamo, allora, dei falsi testimoni di Dio, perché contro Dio abbiamo testimoniato che egli ha risuscitato il Cristo, mentre non l'ha risuscitato, se è vero che i morti non risuscitano. Se infatti i morti non risuscitano, neanche Cristo è risuscitato, è vana la vostra fede e voi siete ancora nei vostri peccati. Allora anche quelli che sono morti in Cristo sono periti. Se è per questa vita soltanto che noi abbiamo messo la nostra speranza in Cristo, noi siamo i più miserabili di tutti gli uomini » (1 Cor 15, 13-19). In questo passo paolino la soluzione della questione consiste in definitiva in un differimento: resurrezione di Cristo già avvenuta e futura resurrezione dei morti si implicano strettamente, sono, al limite, la stessa cosa. Anche se Gesù non fosse risorto allora (risorto non secondo il vago simbolo di una sua presenza nella comunità pasquale, ma nel modo in cui la resurrezione è corporeamente espressa nelle Scritture ebraiche e cristiane), se i morti risusciteranno sarà manifesta la potenza di Dio che risuscita, e che risuscita per primo il Cristo. Ma se i morti non risusciteranno, al-

lora non ha senso la resurrezione di Cristo, giacché la resurrezione di Cristo ha senso solo se è la primizia della resurrezione dei morti.
Ebbene, dopo duemila anni i morti non sono risuscitati, e lo spazio per la fede è mostruosamente diminuito. È una sconfitta di Dio la mancata resurrezione dei morti, e lo è tanto più in quanto la stessa resurrezione, tardivo rimedio a quello che è il destino fallimentare del dover morire, ha già il sapore della sconfitta. Il Vangelo di Marco si concludeva con le donne che fuggono spaventate dal sepolcro vuoto (16, 8). Gesù risorto è irriconoscibile, o almeno non è riconosciuto da Maria di Magdala (Gv 20, 14-16), né dai «discepoli di Emmaus» (Lc 24, 31), che pure l'avevano di fronte e stavano parlando con lui. Il cadavere rianimato che esce dalla tomba – e questo, per quanto si cerchi di non leggere quello che c'è scritto, dicono le Scritture – ha sentore di morte, come nell'episodio di Lazzaro (Gv 11, 1-44). La gioia della resurrezione conserva una macchia cadaverica. Il Cristo risorto è rappresentato vincitore, ma il suo trionfo non ha mai cancellato, nel cuore dei fedeli, l'immagine del Crocifisso. Anche la finale resurrezione dei morti – nella quale una fede che non sia disposta ad abdicare al proprio senso continua ancora a sperare contro ogni speranza (come, del resto, aveva sperato contro ogni speranza Abramo, nostro padre nella fede, Rm 4, 18) – porterà con sé

un sentore di sepolcro: anche se ne venisse cancellata la memoria (Is 65, 17; Ap 21, 4), il tragitto percorso resterebbe orribile ugualmente. Per consolarcene, Dio stesso asciugherà le lacrime dagli occhi degli strappati all'abisso della morte e degli inferi (Is 25, 8; Ap 21, 4), abisso al quale la prima generazione cristiana si illudeva di poter sfuggire; il Signore si chinerà per servirli a tavola (Lc 12, 37).

Ma da ogni parte gli occhi della fede devono ormai veder irrompere la sconfitta di Dio. Già le prime comunità cristiane erano costrette, dinanzi ai primi martiri, a pensare che qualcosa mancasse al perfetto sacrificio redentore di Cristo. I martiri, a cominciare dal protomartire Stefano e via via lungo i primi secoli della chiesa, morivano con gioia, affrontavano i supplizi, anzi li desideravano, per essere ricongiunti con il loro Signore. Così, almeno, ci è stato tramandato. Questa gioia (che, fra l'altro, rende la morte dei martiri così diversa e lontana da quella di Gesù), Paolo dice di provarla nelle sofferenze con le quali completa nella sua carne « ciò che manca ai patimenti del Cristo » (Col 1, 24). I martiri, nell'Apocalisse, gridano a gran voce: « Fino a quando, Signore santo e fedele, tarderai a fare giustizia, a far vendetta del nostro sangue sugli abitanti della terra? » (6, 10): ad essi viene risposto di « pazientare ancora un po', il tempo necessario per completare il numero dei loro compagni di servizio e fratelli che devono essere messi a morte come loro» (6, 11). Quando tutto sembra compiuto nel perfetto sacrificio di Cristo, tutto esige ancora sangue. Il numero dei martiri, dopo venti secoli (un tempo più lungo di quello che va da Abramo a Gesù), non si è evidentemente ancora completato, sebbene l'Apocalisse, l'ultimo libro della rivelazione biblica, si concluda insistendo nella promessa che «il tempo è prossimo» (22, 10), che il ritorno di Cristo «è prossimo» (22, 7; 22, 12; 22, 20).

Se a coloro che conservano la fede a prezzo del martirio – perché la fede implica comunque, nella sequela di Cristo, un non metaforico martirio (Mt 10, 38; 2 Tm 4, 6) – è ancora promessa una salvezza solo al di là della morte, e se lo scacco del crocifisso Dio di tenerezza e di pietà è in ciò palese, un altro scacco, parallelo a questo, patirà Dio se non tutti saranno salvati. È stato osservato, dal «teologo radicale» Altizer, che nessun'altra religione ha proposto come verità assolutamente certa l'interminabile sofferenza degli empi: nessun'altra religione contempla un simile eccesso di crudele violenza. Il dogma della dannazione degli empi, apparso ovvio e fondamentale lungo i secoli, non è più di moda, e probabilmente non esiste più un solo teologo che sarebbe seriamente disposto ad accettarlo, se non introducendo astute riserve mentali. Si tratta certo, d'altra parte, di una fra le verità dogmatiche più fortemente sostenibili su basi

bibliche e più costantemente affermate e sentite in tutte le grandi chiese cristiane, in Oriente come in Occidente. In termini quantitativi, c'è anzi da dire che le Scritture presentano, fin dal concetto di « resto di Israele », e poi nei vangeli e in tutto il nuovo Testamento, la salvezza come l'eccezione, come uno sfuggire alla sorte comune (per esempio Mt 7, 13-14). E da Agostino fino al nostro secolo si è rimasti fermi in questa convinzione.
Molti motivi rendono la « verità di fede » dell'inferno insopportabile a orecchie moderne, ma quello che è forse il motivo decisivo del rifiuto non è avvertito, è inconsapevole. Se ci fosse anche un solo dannato, o si dovrebbe negare l'intenzione salvifica di Dio (Tt 2, 11), o si dovrebbe inevitabilmente concludere che tale intenzione, fondamentale per la comprensione del Dio che si rivela agli uomini come salvatore, non viene realizzata, fallisce. Qui il fallimento di Dio non si verificherebbe soltanto nella storia, ma anche nell'« eternità ». Se c'è l'inferno, allora Dio non può salvare le sue creature: la centesima pecora, per la quale il pastore è disposto ad abbandonare nel deserto le altre novantanove, e a dare la propria vita, non si può salvare. E la dannazione, non importa se di molte o di poche creature, aprirà nella giustizia di Dio una non più sanabile contraddizione, perché ci sarà comunque, per coloro che non si salveranno – e visto che nessun uomo è esente dalla sof-

ferenza nella sua vita –, un « residuo » di « dolore inutile », senza consolazione e verosimilmente senza frutto. Del resto, siamo stati abituati a pensare tranquillamente senza consolazione e senza frutto l'enorme sofferenza degli animali, che è invece anch'essa inaccettabile per la tenerezza e la pietà di Dio (Gio 4, 11).

Dinanzi a questa serie di sconfitte di Dio che sono venuto elencando pagina dopo pagina – sconfitte tanto disastrose da far spuntare un sorriso (ma non dimentichiamoci che il comico è, nella modernità, la più radicale forma di tragedia) – il rimedio è facile e a portata di mano: non pensare più a Dio. E del resto è già stato adottato: il mondo sta avanzando da secoli sul binario segnato da questo rimedio. Può darsi che sia un'avanzata nel senso di una conquista, di una liberazione, di un'apertura di spazi vitali. Se è così, Dio con tutte le sue sconfitte a che cosa può servirci? Ma l'ipotesi che non sia così mi sembra almeno altrettanto legittima, ed è anzi impossibile negare che le punte più acute del pensiero contemporaneo, come pure molte manifestazioni del costume, testimonino in favore di quest'ultima. In tal caso, il Dio delle sconfitte può servirci, perché è il nostro modello, l'unico modello di cui possiamo ancora sperare di disporre.

Berdjaev non è il solo ad aver affermato che la storia *post Christum* è la storia di un fallimento. Ma anche questo è già detto e ripetuto nei molti passi del nuovo Testamento

che abbiamo eluso e dimenticato nel corso di quella lunga fatica nella quale consiste, in ultima analisi, la storia della teologia. Sebbene in alcuni celebri luoghi (soprattutto gli Atti degli apostoli 2, 42-47), si offrano quadretti idillici delle prime comunità cristiane, trapela continuamente che la corruzione del mondo avanza anche nella chiesa. Agli occhi dell'esigenza più radicale della fede, la corruzione è ovunque, e si arriva addirittura ad affermare che nella chiesa è peggio che altrove: « Non si sente parlare che di impudicizia in mezzo a voi, e di una impudicizia tale che non ne esiste di simile fra i pagani » (1 Cor 5, 1). « Tutti cercano i loro propri interessi, non quelli di Gesù Cristo » (Fil 2, 20). Ma non si tratta solamente di un giudizio morale, si tratta di una profonda smentita delle aspettative che sembravano incarnarsi nelle comunità dei salvati da Cristo, dei redenti dal peccato.
La condanna divina incombe sul mondo: « Quanto ai tempi e momenti, voi non avete bisogno, fratelli, che ve ne scriva. Sapete voi stessi perfettamente che il giorno del Signore arriva come un ladro in piena notte. Quando gli uomini si diranno: pace e sicurezza! è allora che d'improvviso li colpirà la rovina » (1 Ts 5, 1-3). Questo riguarda il mondo. Ma « deve venire l'apostasia » (2 Ts 2, 3), e questo riguarda la chiesa. Deve manifestarsi l'Anticristo, ma « già adesso il mistero dell'empietà è all'opera » (2 Ts 2, 6). È all'interno della chiesa che Paolo ammonisce

Timoteo a non porgere orecchio ai « discorsi vuoti ed empi. I loro autori faranno sempre più progressi nella via dell'empietà, e la loro parola si propagherà come una cancrena » (2 Tm 2, 16-17). È nella chiesa che « tutti coloro che vogliono vivere nel Cristo con pietà saranno perseguitati. Quanto ai peccatori e ai ciarlatani, faranno sempre più progressi nel male, al tempo stesso ingannatori e ingannati » (2 Tm 3, 12-13). « Verrà un tempo in cui gli uomini non sopporteranno più la sana dottrina, ma al contrario, secondo le loro passioni e il prurito delle loro orecchie, si daranno maestri in quantità e distoglieranno l'orecchio dalla verità per volgersi verso le favole » (2 Tm 4, 3-4). Paolo giunge sconsolato al termine della sua vita: « Nessuno mi ha sostenuto. Tutti mi hanno abbandonato! » (2 Tm 4, 16). È già molto, per lui, essere riuscito a « conservare la fede » fino alla fine (2 Tm 4, 7).
Più disperata di tutte è la condizione di coloro che, « dopo aver fuggito le corruzioni del mondo per mezzo della conoscenza del Signore e salvatore Gesù Cristo, ne rimangono di nuovo invischiati e vinti »: essi si trovano in un'« ultima condizione divenuta peggiore della prima. Meglio sarebbe stato per loro non aver conosciuto la via della giustizia, piuttosto che, dopo averla conosciuta, voltar le spalle al santo precetto che era stato loro dato. Si è verificato per essi il proverbio: il cane è tornato al suo vomito e la scrofa lavata è tornata ad avvoltolarsi nel

brago» (2 Pt 2, 20-22). Ovunque l'Anticristo che deve venire (1 Gv 2, 18) è «già nel mondo» (1 Gv 4, 3), «il mondo intero giace in potere del maligno» (1 Gv 5, 19), e non rimane che un nuovo, ulteriore piccolo «resto» all'interno della stessa comunità che illusoriamente si proclama salvata: il resto dei veri credenti, coloro che aspettano ancora la salvezza non dalla storia del mondo ma da Cristo che ha promesso di ritornare presto, coloro che mantengono la fede delle origini anche nel trionfo degli impostori. La Lettera di Giuda descrive questi impostori con immagini violente, in parte veterotestamentarie: «Sono la sozzura dei vostri banchetti sedendo insieme a mensa senza ritegno, pascendo se stessi; come nuvole senza pioggia portate via dai venti, o alberi di fine stagione senza frutto, due volte morti, sradicati; come onde selvagge del mare, che schiumano le loro brutture: come astri erranti, ai quali è riservata la caligine della tenebra in eterno» (12-13).

«È venuto il momento di cominciare il giudizio dalla casa di Dio» (1 Pt 4, 17). L'Apocalisse, o Rivelazione, il libro che conclude la Scrittura, è tutt'intera un grido contro l'anticristicità che travolge la chiesa e il mondo, e un'invocazione di vendetta. Rivolgendosi alla chiesa di Laodicea, l'ultima delle sette simboliche chiese agli «angeli» delle quali (forse i «vescovi») sono indirizzate le sette lettere con le quali inizia l'Apocalisse, Cristo dice: «Non sei né freddo né caldo –

fossi almeno una cosa o l'altra! – e così, perché sei tiepido, né caldo né freddo, sto per vomitarti dalla mia bocca» (3, 15-16). Ormai «tutti, piccoli e grandi, ricchi e poveri, liberi e schiavi, hanno un marchio sulla mano destra o sulla fronte, e nessuno può comprare né vendere nulla se non ha tale marchio, cioè il nome della bestia o la cifra del suo nome» (13, 16-17). Sfuggire alla sorte comune è l'eccezione, il miracolo.
L'annuncio più impressionante, quello che dovrebbe almeno farci intendere che cosa era in questione nella fede delle prime comunità cristiane, è contenuto nella Lettera agli ebrei: «Se pecchiamo volontariamente, dopo aver ricevuto la conoscenza della verità, non c'è più nessun sacrificio per i peccati» (10, 24). Il sacrificio di Cristo è stato consumato «adesso, una volta per tutte, alla fine dei tempi» (9, 26), dal momento che gli antichi sacrifici prescritti dalla legge data da Dio a Mosè non erano – non è scritto perché – efficaci: «È impossibile che il sangue dei tori e dei capri possa togliere i peccati» (10, 4), quei peccati che perciò Cristo assume su di sé (Gv 1, 29). Ma se il tempo del mondo continua, anche il peccato continua e non c'è più – non c'è più per noi, da duemila anni – «nessun sacrificio per i peccati, ma soltanto una terribile attesa del giudizio e la vampa di un fuoco pronto a divorare i ribelli. Quando qualcuno ha violato la legge di Mosè, viene messo a morte senza pietà sulla parola di due o tre testimoni.

Pensate quanto maggiore sarà il castigo di cui sarà ritenuto meritevole chi avrà calpestato il Figlio di Dio e profanato quel sangue dell'alleanza dal quale è stato un giorno santificato e avrà disprezzato lo spirito della grazia. Conosciamo infatti colui che ha detto: a me la vendetta, io darò la retribuzione. E ancora: il Signore giudicherà il suo popolo. È terribile cadere nelle mani del Dio vivente» (Eb 10, 26-31).
La prima Lettera di Giovanni distingue l'apostasia da Cristo da tutte le altre colpe: « Ogni trasgressione è peccato, ma c'è il peccato che non va fino alla morte» (5, 17), per il quale è lecito pregare (5, 16). Se è così, allora il peccato imperdonabile, quello che già Gesù aveva chiamato « la bestemmia contro lo Spirito» (Mt 12, 31), per il quale non si può nemmeno pregare (1 Gv 5, 16), è in definitiva solo quello che è reso possibile proprio dalla salvezza portata da Cristo. Lo aveva detto Gesù: « Se non fossi venuto, se non gli avessi parlato, essi non avrebbero peccato; ma adesso non hanno scusa al loro peccato» (Gv 15, 22). La condizione di coloro che si ritengono già salvati in Gesù Cristo, ma in realtà non credono più in ciò che egli ha promesso, e non l'attendono, è molto più radicalmente negativa di quella di coloro che si sentivano salvati nell'osservanza della Legge, la Legge in cui Paolo vedeva ciò che inchioda al peccato e alla morte (Rm 5, 13 e 7, 7-10). La condizione del mondo dopo Cristo – come la rivela e la profetizza

l'Apocalisse, che ha ormai di fronte lo scenario delle persecuzioni e delle seduzioni – è l'anticristicità, la contraffazione (e cioè il più profondo capovolgimento) dell'intenzione salvifica di Dio.
La catastrofe apocalittica è stata considerata come il trionfo della potenza vittoriosa di Dio, che distruggendo gli empi rende finalmente giustizia agli innocenti. Ma la catastrofe finale nella quale è giudicata la storia del mondo viene presentata dalle Scritture come l'esplodere dell'« ira » di Dio, di cui avevano parlato gli antichi profeti, come la vendetta di Dio, e quindi come uno sterminio che valica gli stessi confini della giustizia. C'è un eccesso di violenza, che coincide con un eccesso di misericordia. Non è un Dio che trionfa nella sua potenza quello che infierisce contro il carnefice per strappargli la vittima, e che ha bisogno di vendicarsi su di lui, ignorando la magnanimità della clemenza. Come già nella croce, così nell'apocalisse la vittoria di Dio si distingue appena dalla sconfitta, e questo accade perché la sua scelta originaria è stata la scelta di ciò che non è nei confronti di ciò che è, quella cioè di abbandonarsi alla debolezza e alla possibilità della morte. « La mia potenza si manifesta pienamente nella debolezza » (2 Cor 12, 9) dice il Signore. Quella di Dio non è una scelta fatta in base alla previsione dei suoi effetti, perché allora ogni conseguenza, ogni esito sarebbe voluto, sarebbe dunque un'affermazione della sua volontà, di se

stesso, di ciò che è nei confronti di ciò che non è, della forza nei confronti della debolezza; è invece uno scegliere senza prefigurarsi le conseguenze della scelta, è la libera assunzione di un rischio totale. Come dice Neher nel solco della tradizione ebraica, l'opera di Dio « è scaturita da un'impreparazione radicale », « è una *improvvisazione* ». Nella catastrofe apocalittica l'intera creazione perisce, come è annunciato nei vangeli per bocca di Gesù (Mt 24, 29; Mc 13, 24). Nel « giorno del Signore ... i cieli con fragore passeranno, gli elementi consumati dal calore si dissolveranno e la terra con quanto c'è in essa sarà distrutta » (2 Pt 3, 10): e la distruzione per mezzo del fuoco è più radicale di quella per mezzo dell'acqua. Il diluvio diventa così profezia dell'apocalisse: Dio, nel suo grande giorno, riuscirà a salvare solo un piccolo resto, un resto del resto delle sue creature, e forse anche soltanto un piccolo resto di se stesso. Questo, alla fine, è diventato il buon annuncio portato da Gesù Cristo, l'evangelo (Ap 10, 7).
Dio è morto duemila anni fa, e sul trono divino, nella nuova Gerusalemme discesa dal cielo, siede con Dio, inseparabilmente, la sua immagine visibile (Col 1, 15), l'agnello destinato « prima della fondazione del mondo » (1 Pt 1, 20) ad essere sgozzato (Ap 5, 6). « Il giorno del Signore, grande e terribile » (Gl 3, 4), che già i profeti avevano insistentemente annunciato, e ossessivamente descritto con estrema violenza, come farà

l'Apocalisse a sigillo delle Scritture, è « giorno di furore, giorno di tribolazione e d'angoscia, giorno di devastazione e di desolazione, giorno di tenebre e di oscurità, giorno di nembi e di nuvole, giorno di tromba e di gridi di guerra » (Sof 1, 15-16). Il giorno del compimento della salvezza promessa è il giorno in cui « tutta la terra sarà divorata », sterminati « tutti gli abitanti della terra » (Sof 1, 18). Questo è il giorno che gli uomini, e Dio (Rm, 8, 26-27), dovrebbero desiderare e invocare. L'orrore come estrema, unica possibilità di salvezza. Un'invocazione necessaria e impossibile insieme.

L'ANTICRISTICITÀ

Padri della chiesa come Cipriano e Agostino pensavano di star vivendo la *senectus mundi*, la decrepitezza della storia giunta al suo epilogo. Lo pensavano sulle orme della stanchezza pagana, ma lo pensavano soprattutto sulle orme della fede cristiana, e in particolare dell'apocalittico quarto Libro di Esdra, che leggevano come se fosse canonico. Alla fine della loro vita precipitarono nella disperazione vedendo il mondo corrompersi e dissolversi nel crollo dell'impero romano, nell'avanzata travolgente dei barbari, nelle persecuzioni contro i credenti, nel gran numero di cristiani *traditores*, nelle discordie all'interno della chiesa, nelle epidemie che colpivano senza distinzione fedeli e infedeli, giusti ed empi. Agostino perverrà ad elaborare la sua allucinante teologia dell'umanità come *massa damnationis*, che Dio avrebbe creato per trarne, secondo un'inscrutabile predestinazione *ab aeterno*, alcune anime destinate a colmare i vuoti aperti nelle schiere angeliche dalla ribellione luciferina. Ogni uomo che nasce è destinato alla dannazione eterna, e solo il battesimo nella morte e resurrezione di Cristo può strapparlo a questo destino, senza alcun rapporto con i suoi meriti e le sue colpe: creature appena nate saranno dannate per sempre. Le radici del Medioevo sono in Agostino. Si è compiuto così un completo capovolgimento di quella che era stata l'originaria istanza ebraico-cristiana. L'incombere della colpa, del peccato, del castigo e della dannazione eterna finisce per prendere il posto del patto di alleanza di Dio con l'uomo, della promessa di vita, di pace, di gioia.

Le vie percorse sono state lunghe, diverse e intricate, ma l'epoca moderna si getta infine alle spalle la vecchiaia del mondo. Inizia con una nuova nascita, il Rinascimento, appunto. Mi rendo chiaramente conto, nel momento stesso in cui le cito, che le parole della Bibbia, da secoli venerate senza essere più comprese, non comprese perché divenute inaccettabili, e inaccettabili anzitutto per il loro mancato compimento, l'uomo contemporaneo non può più ascoltarle. Da troppi secoli ormai è stato attribuito loro un significato lontanissimo da quello originario, ed è sempre più improbabile una « buona fede » che non se ne accorga, anche se a molti sembra doveroso far tutto il possibile per fingerla. Noi non possiamo più credere nel Dio che esige un infinito prezzo di sangue e di lacrime per dare una salvezza che nessuno ha ancora visto con i suoi terrestri occhi. Noi siamo ormai costretti a pensare il cristianesimo, che ha costituito il riferimento più alto e compiuto dell'Occidente, come un ambito particolare. La « cattolicità », la pretesa di universalità, evidentemente non si è realizzata. Misurata con il metro delle scale temporali e spaziali alle quali siamo soliti riferirci, che dalla preistoria più remota e dai continenti più lontani si spingono verso gli inimmaginabili abissi cosmici, la nostra storia occidentale (che, in definitiva, ci ha consentito questo sguardo complessivo) è, contraddittoriamente, un episodio, marginale e addirittura insignificante. E tali siamo quindi noi stessi. Che cosa può dire l'ostinazione della fede di fronte a questo?

Può mostrare le sue carte, può mostrare che non da oggi soltanto ha pensato alla sconfitta di Dio, ma da sempre, da ben prima che il mondo moderno la vedesse tradotta in realtà. Può esibire la sua consapevolezza del fatto che l'uomo non sa nulla, che non può essere sicuro di nulla: la fede – quando è stata viva, da Abramo che « sperò contro ogni speranza » (Rm 4, 18) fino ai grandi testimoni moderni, Pascal, Kierkegaard, Dostoevskij – crede quello che non sa. Il credente crede nella pietà e nella giustizia che sente e vuole irrinunciabili, e che pone al di sopra non solo di ogni conoscenza ma della propria vita. Nessun altro orizzonte al di fuori di quello della fede – che nella storia del mondo è orizzonte di

sconfitta e non di vittoria – consente una coscienza altrettanto radicale della parzialità di ogni punto di vista, della vanità della pretesa di qualsiasi concepibile o immaginabile riferimento che s'imponga alla ragione umana come « universale » e « assoluto », per quanto « chiuso » o per quanto « aperto », per quanto « forte » o per quanto « debole » voglia essere: metafisico, ontologico, mistico o ermeneutico che sia, ma tale insomma da costituire un super-linguaggio che si ritiene capace di comprendere e di dar conto di tutti gli altri possibili linguaggi. Solo la fede può essere consapevole del carattere particolare di ogni esperienza, a cominciare proprio da se stessa, in quanto sa di affidarsi ciecamente a un evento di cui ha avuto notizia: la promessa della salvezza.
Che tutta la storia e tutte le cose abbiano senso solo all'interno di questo unico evento è un'affermazione estremamente rischiosa, ma è un rischio insensato solo per chi presume di possedere i criteri di verità che garantiscono l'affermazione contraria, erigendola a conoscenza evidente, inevitabile, necessaria. L'uomo moderno è abituato a pensare che l'evento che si compie in Cristo è un caso particolare che si è dato all'interno della storia; ma, sebbene sia certamente un caso particolare, ogni esperienza che da allora abbiamo fatto e ancora facciamo non può essere compresa se non come ulteriore caso particolare all'interno di quello. Dobbiamo pur sapere che « non possiamo non

dirci cristiani », dobbiamo pur riconoscere la nostra « provenienza destinale ». La fede cristiana, per quanto sconfitta, e anzi proprio perché sconfitta, ha ancora quel briciolo di forza residuale che rende possibile una lettura della storia di sconfitte e delusioni alla quale apparteniamo. Dubito che qualcuno abbia il coraggio di affermare che la nostra è una storia che procede verso la vittoria di ciò che è umano e l'armonia dell'ambiente in cui l'uomo abita. Per quanto mediocre cosa sia la « buona fede », in « buona fede » questo non può più dirlo nessuno. Si dirà, al massimo, che non c'è né sconfitta né vittoria, ma tante, e tutte, sconfitte e vittorie relative, non si dirà nulla cioè, se non una cosa: che questo stesso riconoscimento del non poter più dire nulla è oggi ineluttabile, il frutto più maturo del nostro pensiero. E domani? Un domani che sia davvero pensabile come tale (come uno spazio futuro in cui possa accadere ancora qualcosa di significativo), e non sia soltanto l'indefinito prolungamento del presente (la condizione che è stata recentemente definita di « fine della storia »), sfugge totalmente all'attuale orizzonte culturale, che deve ignorare finanche la domanda. Se negasse la possibilità di un futuro diverso, manifesterebbe infatti la sua nascosta pretesa assolutistica; se l'affermasse, svelerebbe chiaramente la propria insignificanza.

Guardato dal punto di vista della fede (è impossibile, del resto, guardare alcunché se non da un punto di vista particolare), il mondo moderno si rivela come la conseguenza, il riflesso della sconfitta di Dio nella storia. Questo punto di vista meno radicalmente inadeguato consente di scoprire l'orrore, di fissarlo: accorgersi dell'orrore è molto più che vivere in esso senza accorgersene. La novità del moderno è la contraffazione della novità annunciata da Dio come salvezza (Ap 21, 5), si dà solo a partire da quella, si dà solo come falsificazione e menzogna. La rinascita del mondo come nuovo, come moderno, e come salvifico attraverso il progresso della storia, lo sviluppo delle scienze e della tecnica, la rivoluzione sociale, è una pseudo-resurrezione; la modernità è lo pseudo-Cristo, l'Anticristo. La sua grandezza, nei confronti di tutto ciò che l'ha preceduto, sta in questo. La sua erroneità, la sua malignità, non sta in nulla di etico, ma nel suo essere scimmia di Dio, nel tentare l'imitazione della potenza salvifica di Dio con strumenti soltanto umani. L'anticristicità è altamente etica, come si legge in Dostoevskij, in Solov'ëv, in Šestov, e in altri autori russi, gli unici che abbiano usato questa chiave di lettura. Il mondo moderno contraffà l'annuncio della novità salvifica ripetendo, stravolta e applicata a se stesso, la proclamazione della vittoria di Cristo, l'uomo-Dio: «Gesù è Signore!» (Rm 10, 9). Proprio per questo non può poi fare altro che seguirlo nella reale sconfitta.

Dell'attuale situazione del mondo è inutile

tentare diagnosi sulla base di dati analitici: lo stesso far diagnosi a questo modo appartiene alla malattia, alla cattiva infinità. Ma la cultura contemporanea, da Kafka in poi, esprime l'evidenza di un grandioso fallimento, al quale, come alla morte, come a tutto, ci si può anche adattare. Vorrei solo indicare qualche vistoso segno che abbiamo davanti agli occhi oggi che la totale storicizzazione anticristica sfocia nella consumazione del senso stesso della storia.

Gesù Cristo ha preso su di sé il peccato del mondo, e morendo sulla croce, come scrive Paolo, l'ha cancellato. Dunque non c'è più peccato: chi è rinato, rigenerato, non può più peccare (1 Gv 3, 9). E per noi infatti non c'è più il peccato, non c'è più il male. La pseudo-redenzione anticristica ha operato lo svuotamento magico del peccato, non è più possibile prendere sul serio il male. Ciò che permane come indesiderabile, come doloroso, ciò che riesce ancora ad essere sentito come tale (e tanto più intensamente, allora, in quanto è divenuto incomprensibile), viene pensato come una sopravvivenza in via di estinzione, un residuo del vecchio tempo. Proprio così era stato pensato, nella chiesa nascente, il perdurare della morte, dell'ingiustizia, della persecuzione. L'uomo contemporaneo vuol vivere tutto nel presente, e questo appartiene alla contraffazione anticristica della pienezza messianica.

Il regno di Dio – divenuto *regnum hominis* perché in Gesù Cristo l'uomo è Dio – viene oggi anticristicamente realizzato dal *deus ex machina* tecnologico, e cioè ancora proprio da un intervento concreto e tangibile di una potenza ulteriore e decisiva. La tecnica opera miracoli, l'Anticristo compie inauditi prodigi (Ap 13, 13). Il formalismo giuridico, lo stato di diritto, come sapeva Carl Schmitt, non appartengono già più al nostro tempo. L'avanzamento della tecnica è quello che ci salva, la fede nella tecnica è la fede nell'Anticristo, non perché la tecnica sia impotente a salvarci e cattiva, ma proprio perché è l'unica salvezza in cui si possa ancora con qualche ragionevolezza sperare, proprio perché è buona, perché ci aiuta. La sua unicità, che ci fa ritenere lecito e necessario imporla a tutto il mondo, la rivela come l'ultima forma, definitivamente anticristica, assunta dal monoteismo, e anch'essa svuotata, ormai, di ogni originaria spinta redentiva. Il battesimo non si può più imporre a tutti, la tecnica sì, con le vaccinazioni, la televisione, l'automobile.

Un altro segno impressionante di anticristicità si svela nella consumazione, nella distruzione della parola. Il Verbo di Dio è morto sulla croce duemila anni fa, da allora si sono scritte le ultime pagine del Libro e la rivelazione si è chiusa, la Parola di Dio si è fatta silenzio. E di conseguenza la parola degli uomini ha perso via via nella storia la sua forza. Sebbene i tentativi dei poeti l'abbiano fatta ancora apparire, solo apparire, vivente, la parola è finita, è svuotata. Dalla

parola creatrice si è pervenuti, dicono Benjamin e Scholem, alla parola concepita come pura convenzione, senza alcun rapporto con la realtà, morta.
Su questo svuotamento della parola, che non riesce più ad esprimere né a comunicare nulla, che si moltiplica a dismisura per effetto della sua stessa inconsistenza, che è ormai solo uno strumento dominato artificialmente dai poteri mondani, dalle « potenze » di cui parlava Paolo (Ef 1, 21), ha posto un sigillo il suicidio di Paul Celan, il poeta ebreo che si è gettato nella Senna perché, nel mondo dopo Auschwitz, le parole non significano più, la loro ambiguità e la loro falsificabilità sono infinite. E per questa via siamo ricondotti agli ebrei, il popolo della Parola, e all'ebraismo d'oggi, come ultimo e decisivo emblema di anticristicità. Ebrei alla fine come all'inizio.
L'intera vicenda ebraica ha, per la fede, un carattere esemplare. Ciò di cui è emblema la parola « Auschwitz », per quanto numerosi siano stati e continuino ad essere nel corso della storia gli stermini e i genocidi, non è riducibile ad altro, è unico, perché niente altro è stato pensato così, mai nessun'altra vittima è stata più caricata d'implicazioni – d'innocenza e di colpa. Allo stesso modo, per le stesse ragioni – e soprattutto per il fatto di essere il dopo-Auschwitz, il suo intenzionale contrario –, è unico e irriducibile ad altro il significato del nuovo stato di Israele. Non è stato soltanto Buber a

presentare la resurrezione di Israele come legittimata dal fatto di essere il luogo della pace, pace fra gli uomini e con la terra. Levinas ha parlato del nuovo stato come « regno di David » in contrapposizione al « regno di Cesare ». Anche i sionisti più lontani dalla tradizione religiosa hanno concepito, o almeno hanno dato l'impressione di concepire, Israele come qualcosa di diverso da tutti gli altri stati. Essi tengono il potere con « partiti religiosi », accettano che la legge dello stato ebraico sia quella della tradizione alachica. Ma proprio un vecchio e celebrato maestro della *halakhah*, Jeshajau Leibowitz (che non ha nessuna nostalgia messianica), ha additato in questo la suprema profanazione della Legge, il suo uso puramente strumentale, in una menzogna assoluta, dal momento che a stabilire l'osservanza della Legge sono in realtà coloro che non credono affatto in Dio e nella sua Legge, sostenuti da coloro che fanaticamente la professano, identificandola con la causa nazionale. Per chi invece leggeva il significato della resurrezione di Israele in ottica messianica, come Buber, la delusione è stata enorme. Buber è morto isolato e disperato. Con maggiore penetrazione della realtà, Gershom Scholem, proprio perché capace di una adeguata comprensione della tradizione messianica e apocalittica che costituisce l'anima dell'ebraismo di tutti i tempi, si è sempre radicalmente rifiutato di attribuire connotati messianici al sogno del sionismo politico, del nazionalismo israeliano, e li ha duramente accusati di pseudo-messianismo. Pseudo-messianismo significa anticristicità. E dato il carattere esemplare della vicenda ebraica l'anticristicità degli ebrei è l'emblema assoluto della nostra anticristicità. Ma, come ho già detto, nell'ebraismo come in ogni altro luogo del mondo l'anticristicità non è una categoria etica. Lo stato di Israele si limita a fare quello che la logica di Cesare induce a fare, presentandosene l'occasione, ogni altro stato. Anzi, nessun altro stato ha alle spalle, come ce l'ha Israele, una storia che possa in qualche modo giustificare certi comportamenti, ispirati, e quindi in qualche misura resi moralmente comprensibili, dalla memoria delle ingiustizie subite, e ormai soprattutto dalla paura nevrotica di essere definitivamente distrutti. Il nodo fra complesso di superiorità e complesso d'inferiorità è maligno, si forma in strati della coscienza molto più profondi di quelli in cui si formano il giudizio etico e la responsabilità morale. Singer, in un suo racconto, vede all'aeroporto di Parigi un gruppo di ebrei americani, appena giunti dagli Stati Uniti e in procinto di partire per Israele. Sono turisti e li descrive: donne grasse con parrucche bionde e ricce, cariche di gioielli, accompagnate da mariti degni di loro. E chiede con amara meraviglia a Dio come possa essere proprio quello il suo popolo. La delusione di Dio dev'essere ben più terribilmente grande di quella del vecchio ebreo Singer, e di me, che sono l'ultimo dei *goyim*.

San Giovanni Crisostomo, e con lui altri Padri, avevano sostenuto che il « vero Israele » è la chiesa, perché gli ebrei, pur essendo stati eletti da Dio per ricevere la sua Legge, in realtà non la ricevettero mai, dal momento che le tavole di pietra scritte « dalla mano di Dio » e consegnate a Mosè sul Sinai furono spezzate, distrutte e disperse da Mosè stesso quando, disceso dal monte, trovò il popolo in adorazione del vitello d'oro (Es 32). Risalito sulla montagna, Mosè intagliò con le proprie mani delle nuove tavole (Es 34, 1), che non sono dunque più, dicevano i Padri, le tavole date da Dio. L'elezione, concludevano, è stata fin da allora rifiutata dagli ebrei. Ma la tradizione ebraica conosce un'altra interpretazione della duplicazione delle tavole della Legge ad opera di Mosè; un'interpretazione opposta, secondo la quale la Legge non è quella eteronoma che il Dio trascendente detta in modo imperativo dall'alto, ma quella che il popolo ebreo, pur colpevole di un gesto idolatrico, dà a se stesso per mano di Mosè. Nello Zohar è scritto: «*Israel we-Toratah eḥad hu*», il popolo di Israele e la Torah sono la stessa cosa. Questa espressione si può leggere in senso messianico: la vera realtà di Israele è quella che s'incarna nella conformità alla volontà di Dio. Ma si può leggere, e non da pochi oggi viene letta, in senso anti-messianico, anticristico: qualunque cosa facciano o pensino gli ebrei, anche se non credono più in Dio, formalmente osservando o non osservando più la sua legge, è ciò che è giusto fare o pensare, per nessun altro motivo che per il fatto in sé di essere ebrei. L'ebreo si identifica con Dio. Questo è assolutamente anticristico, proprio perché è vero che è Dio l'ebreo Gesù Cristo. Dio patisce molte sconfitte, molte delusioni, gli antichi profeti ce lo mostravano già umiliarsi alla ricerca della sposa Israele che l'ha tradito. Così come noi tutti lo tradiamo. Ma nessun tradimento può deluderlo quanto quello, nessuna delusione può essergli più intima.

LA GUERRA DI DIO

Uno tra i più noti biblisti cattolici contemporanei, Norbert Lohfink, ha osato prendere sul serio la questione della violenza di cui è piena la Bibbia, e ha patito lo scandalo, prima che delle mancate risposte, delle mancate domande in proposito. Lo scandalo l'aveva subìto già Marcione, nel secondo secolo, ma è stato poi dimenticato, in quanto la debole soluzione da lui escogitata è stata lentamente e tacitamente accolta, fino a diventare ovvia: il Dio buono è quello di Gesù, che ama e che perdona, mentre il Dio dell'antico Testamento è un Dio duro e vendicativo. Non si è mantenuta però la coerenza di Marcione, e si è continuato a dichiarare «divinamente ispirate», e degne quindi di ogni venerazione, tutte le Scritture ebraiche. Infine, ai nostri giorni, non si è esitato, ancora sulle antiche orme marcionite, a riformare la liturgia delle ore e del lezionario espungendo da diversi salmi e anche da altri libri biblici i passi in cui si parla dell'ira di Dio o del suo intervento violento a favore dell'orante. Ma c'è una ulteriore contraddizione: nessuno ha il coraggio di espellere dal nuovo Testamento i numerosissimi passi in cui il Dio di Gesù si rivela altrettanto violento del Dio veterotestamentario: è infatti lo stesso unico Dio, spinto dall'insanabile frattura tra la sua giustizia e la sua misericordia all'estrema distruzione vendicatrice. « Quella di rimuovere le questioni connesse alla "violenza" è una tentazione costante » dice Lohfink, che si rifà alle tesi di René Girard sul rapporto strettissimo tra la violenza e il sacro.

Secondo il linguaggio antropomorfico della Bibbia ebraica, che da sempre abbiamo rifiutato come ingenuo e reinterpretato simbolicamente, Jahwè è soprattutto, e per antonomasia, il « guerriero ». Tale epiteto – o altri equivalenti – è di gran lunga la designazione che ricorre più frequentemente. Una classica affermazione dell'esegeta Wellhausen dice: « Il campo di battaglia, la culla della nazione, fu anche il suo più antico santuario. Lì era Israele, e lì era Jahwè ». Un altro frequentissimo epiteto di Dio è « Sabaot » (il Signore degli eserciti), parola ebraica rimasta con poche altre nella liturgia cattolica finché tale liturgia ha conservato la lingua latina. E sono ormai caduti i tentativi compiuti da alcuni esegeti per trasformare gli « eserciti » in schiere angeliche. Il libro dei Numeri ci trasmette la memoria di un « Libro delle guerre di Jahwè » (21, 14), e il profeta Gioele grida: « Santificate la guerra! » (4, 9). In epoca intertestamentaria i monaci guerrieri di Qumran, che formavano una comunità di tipo essenico, scrivevano testi apocalittici di contenuto militare, come quello, già ricordato, che ci è noto con il titolo *La guerra dei Figli della Luce contro i Figli delle Tenebre*: una dettagliata guida per l'addestramento alla battaglia finale, escatologica, di cui avevano già parlato i profeti Ezechiele (Ez 38) e Zaccaria (Zc 14), battaglia che i qumraniani ritenevano imminente e che consideravano l'unica lecita, in quanto guerra di Dio per instaurare il suo regno di giustizia e di pace.

Quanto al nuovo Testamento, le immagini della lotta e della violenza per il regno tornano ripetutamente, fin dai vangeli: « Dai giorni di Giovanni il Battista fino ad ora, il regno soffre violenza e i violenti se ne impadroniscono » (Mt 11, 12; Lc 16, 16). E non si tratta di una guerra ascetica: « la lotta non è contro il sangue e la carne, ma contro i principati e le potestà, contro i dominatori di questo mondo di tenebra » (Ef 6, 12; 1 Cor 15, 24-26). È soprattutto l'Apocalisse a descrivere, con le immagini degli antichi profeti, la guerra escatologica, guerra storica e insieme cosmica: dopo la caduta della « grande città » mondana, « Babilonia la grande » (16, 19), la città della potenza, dei traffici che coprono la terra e il mare, della ricchezza (18), Cristo ritorna per compiere il giudizio (19, 11-21).

È quasi un grido di meraviglia, allora, quello che saluta la vittoria di Dio che mette fine, quando ormai sembrava impossibile sperarlo, alla menzogna diabolica che sostiene il mondo. Si sente, attraversando le pagine dell'Apocalisse, l'assurdità dell'attesa nella quale malgrado tutto il credente persiste. Si percepisce un moto di sorpresa, un balzo del cuore, ogni volta che, tra l'ossessivo riprodursi e aggravarsi dei mali che accompagnano la consumazione del mondo, si affaccia la visione della salvezza ancora voluta, ancora sperata, ancora possibile. Questa alternanza di momenti opposti è il ritmo stesso della continua reiterazione delle oscure immagini apocalittiche dei sigilli, delle trombe, dei flagelli attraverso i quali si snoda il terribile tempo della fine, scandito solo dalle invocazioni e dai gridi che preannunciano la consolazione di Dio e dei suoi fedeli. La fine, nella « testimonianza di Gesù » che « è lo spirito di profezia » (19, 10), incombe vicinissima, sovrasta, Cristo ritorna: « Oh sì, vieni, Signore Gesù! » (22, 20). Prima ancora che scorresse tutta questa lunga fila di secoli che è venuta accumulandosi sulle nostre spalle, trapelava già, ad ogni pagina dell'Apocalisse, il senso della ripetizione, dell'indugio, della fatica, dell'incertezza dell'opera di Dio, anzi del « consumarsi del mistero di Dio » (10, 7).

Il culmine di questa penosa fatica si tocca nelle ultime pagine del libro, allorché, dopo lo sterminio delle nazioni nella guerra escatologica, viene ancora introdotto, più oscuramente che mai (ma è, in qualche paradossale modo, illuminante per noi che viviamo dopo tanti secoli), un nuovo periodo millenario, che termina a sua volta con una nuova, e questa volta davvero definitiva, guerra escatologica. Quella consumazione del mondo che era annunciata, nel cosiddetto «discorso escatologico» di Gesù, come coincidente con la distruzione di Gerusalemme e del tempio (Mt 24, 15-34; Mc 13,14-30), si compie dopo un ulteriore ciclo della storia del mondo, di cui il maligno, omicida fin dall'inizio (Gv 8, 44), è principe (Gv 16, 11) e dio (2 Cor 4, 4).

L'idea, anzi l'immagine antropomorfica del Dio guerriero non è stata naturalmente mai presa sul serio dai teologi, che hanno sempre cercato di razionalizzare, giungendo a identificare il Dio della Bibbia con il Dio di Aristotele, e dissolvendoli così l'uno nell'altro fino a rendere totalmente impensabile e inimmaginabile per l'uomo moderno il divino in qualunque sua forma. L'orizzonte della guerra è proprio l'opposto dell'orizzonte filosofico e teologico dell'essere, che eternamente è, da sempre già tutto necessariamente dato nel suo principio. L'orizzonte della guerra è l'orizzonte del rischio supremo, il più radicale degli orizzonti temporali e storici, quello in cui tutto viene messo in gioco e tutto viene esposto a destini contrari. L'aut-aut, la scommessa. Non c'è nessuna guerra laddove non si dia, al tempo stesso, la possibilità della vittoria e la possibilità della sconfitta. Semmai – come Schmitt scriveva già intorno alla metà del nostro secolo, vedendo chiaro in un futuro che per noi è il presente – ci possono essere soltanto « operazioni di polizia internazionale », il ristabilimento pieno, cioè, del potere, senza sostanziali rischi, da parte di chi già lo detiene. Dio non fa « operazioni di polizia internazionale ». La rivelazione biblica, nel nuovo come nell'antico Testamento, dice che fa la guerra, e una guerra per lo *ḥerem*, l'esecrazione e la completa distruzione; non una guerra, come pure gli antichi popoli e gli ebrei in particolare conoscevano, condotta secondo regole rituali o morali limitatrici, né una guerra, come l'Occidente moderno ha conosciuto, delimitata da convenzioni e formalismi giuridici internazionali.

Ma se l'ultima istanza di Dio lo spinge a combattere, a fare la guerra, e la guerra decisiva, allora vuol dire che nessun esito è già prestabilito, che la signoria di Dio sul mondo e la sua stessa divinità non sono garantite da nulla. Da tanto tempo ormai noi non prendiamo sul serio niente – niente, almeno, che riguardi le cose di Dio. Il banchetto di nozze messianico l'abbiamo fatto diventare il simbolo di beni puramente « spirituali »; l'incarnazione, la passione e la morte di Dio le abbiamo interpretate come un abbassamento solo apparente della divinità, come un annichilimento riguardante soltanto l'aspetto glorioso del Verbo divino, che, anche incarnato nell'uomo crocifisso Gesù, in realtà avrebbe sempre conservato la sua intatta e intangibile, impassibile « natura ». A più forte ragione, naturalmente, ci siamo sentiti autorizzati a interpretare le guerre combattute da Dio – che ritornano con grande insistenza dalle prime fino alle ultime pagine della Bibbia – come figure retoriche, come barbari residui di quella rozza mentalità primitiva nella quale soltanto, tuttavia, si sarebbe espressa la rivelazione di Dio: quella rivelazione che dichiariamo chiusa con l'età apostolica, ma alla quale in definitiva ci sentiamo tanto superiori da decidere noi, con l'ausilio dei nostri orgogliosi apparati critici, che cosa in essa è rozzezza da eliminare e che cosa è parola di Dio da conservare. Quella rivelazione alla quale continuiamo ipocritamente a riferirci, ma che supponiamo di avere hegelianamente « superata ». In realtà, non abbiamo fatto che avvolgerci nella pania di dotte contraddizioni e confusioni teologiche, filosofiche, scientifiche, le quali risultano alla fine nient'altro che contraffazioni anticristiche della tragica storia di Dio.

Ormai non pensiamo più in termini di « essere » e di « non essere », i nostri moderni linguaggi non contano più sull'assolutezza di questa contrapposizione. Ma la riserviamo ancora a Dio, forse supponendo in questo modo di rendere onore alla sua eccellenza con un linguaggio diventato per noi arcaicamente aulico, nel momento stesso in

cui lo sprofondiamo nel passato ancorandolo a riferimenti non più vivi. Ci sembra ferrea la logica dell'essere – che necessariamente o è o non è – quando l'applichiamo a Dio presumendo, di fatto, di poterlo incastrare nell'alternativa dell'esserci o del non esserci. Che Dio sia o che Dio non sia, è un problema che, per il fatto stesso che Dio debba comunque stare all'interno di questa alternativa che noi poniamo, consideriamo risolto. E le due soluzioni, apparentemente antitetiche, sono in definitiva identiche, in quanto la domanda stessa viene abolita. Se infatti diciamo che Dio c'è, diciamo che le cose sono in ultima analisi come lui le ha volute e decise, e cioè che sono come sono perché devono essere tali; se diciamo che non c'è nessun Dio, diciamo pressappoco la stessa cosa: non c'è nessun altro modo in cui le cose debbano o possano essere, le cose, insomma, sono così come devono essere.
Ma se invece Dio è coinvolto, come è scritto, nella guerra, allora la sua vittoria o la sua sconfitta, il suo salire sul trono del suo regno o il suo non salirci mai più, in definitiva anche l'esserci o il non esserci di Dio, tutto ha senso o non ha senso solo nell'esito della lotta. Dio è la salvezza di Dio, non c'è nessun Dio separato dalla sua e nostra salvezza.

LA SCONFITTA DI DIO

Ma se Dio sarà sconfitto? Se Dio non salverà mai più? Se i morti non risusciteranno? Se le ingiustizie e le sofferenze continueranno per sempre? Cose come queste può la fede pensarle? È ancora fede quella che si vede precipitare verso un esito più catastrofico, per la fede stessa, di qualunque catastrofe? O non è semplicemente l'abbandono, la perdita della fede? Il Vangelo di Luca racconta, nella cosiddetta « parabola delle mine », che « un uomo di nobile stirpe partì per un paese lontano per ricevere un titolo regale e poi ritornare » (19, 12); l'uomo distribuisce ai suoi servi le mine, come in un'altra parabola i talenti, e al suo ritorno toglie la mina a chi non l'ha fatta fruttare e la dà a chi aveva già decuplicato la sua. Ma ci si dimentica, di solito, di leggere la conclusione della parabola: « Quanto ai miei nemici, che non volevano che diventassi loro re, conduceteli qui e sgozzateli alla mia presenza » (19, 27). La parabola ci lascia intravedere l'altra possibilità. Se il personag-

gio « di nobile stirpe » partito « per un paese lontano per ricevere un titolo regale » non lo ottiene perché i suoi nemici hanno tramato contro di lui, se non ritorna, se non sale sul trono, non per questo diventa indegno della regalità che avrebbe dovuto essergli riconosciuta.
La fede può sentire che Dio sta precipitando verso questo destino, e resta ancora tale perché ha ancora la forza di imporre un senso al mondo, di svelare come puro orrore ciò che, al di fuori della fede, non può che essere l'ovviamente accettabile per definizione. « Il giusto vivrà di fede » (Rm 1, 17), e il credente non può pensare se non a partire dalla speranza dell'avvento della giustizia di Dio, speranza in cui è custodito il senso della sua stessa vita: ma proprio in questa prospettiva il credente non può ormai non pensare che tutto sta per cadere definitivamente nel non senso. Questo pensiero sta ancora all'interno della fede, perché non è un'ipotesi che il credente possa distaccare da sé e contemplare come una possibilità alternativa accanto all'ipotesi del trionfo della giustizia di Dio (la quale, a sua volta, per la fede, non è mai stata un'ipotesi o qualcosa che assomigli a un'ipotesi).
L'esperienza dell'incombere del rischio supremo che Dio non salvi, e che sia quindi definitivamente sconfitto, era già contenuta nell'esperienza dell'ebreo biblico, perché affidarsi a una promessa di salvezza significa sospendere la propria vita su un abisso. L'e-

breo biblico, che attende tutto dalla fedeltà di Dio al patto che ha sottoscritto con il suo popolo, e vede che di fatto egli non rende giustizia e non salva, è già stretto nella nostra stessa morsa. È già costretto a passare dall'estremo della più assoluta sottomissione all'insindacabile decreto di Dio – umiliandosi nel suo senso di colpa e chiudendo gli occhi dinanzi a ogni evidente smentita della promessa – all'estremo opposto, quello del grido disperato, o della disperazione muta. Né Giobbe né Qohelet negano o dubitano che Dio esista – una via comoda e presuntuosa, e in definitiva insignificante –, ma sono molto vicini a disperare che Dio salvi. Qualcosa di molto più radicale.

Se, come dice anche Benjamin, il senso delle cose sta nel futuro messianico, se solo da quel futuro prendono luce e consistenza, rimanendo fino ad allora precarie e informi, sospese sull'abisso, allora la mancata venuta del regno di Dio implica la perdita totale di ogni senso. La fede guarda da una fine che potrebbe non venire. Tutto potrebbe continuare indifferentemente e indefinitamente così come lo conosciamo, e procedere nell'oblio di Dio, nell'allontanamento da colui che ha creato e sostiene tutte le cose, verso la consumazione di ogni aspettativa e di ogni prospettiva, avanzando in uno spazio dove il permanere degli oggetti e la loro dissoluzione, l'atto di torturare un bambino e quello di accudirlo amorevolmente, diventano sempre più equivalenti e indistinguibi-

li. Questo è l'orizzonte che si profila, dal momento che il nostro orizzonte è quello che ci appare dal punto di vista della storia che abbiamo vissuto e in cui siamo collocati, dal momento insomma che non possiamo appellarci a nessuna presunta oggettività di cui sapremmo qualcosa al di là di ciò che sperimentiamo guardando le cose, appunto, dal nostro punto di vista.
Ma nella fede, finché la fede può ancora sostenersi, c'è senso, non c'è indifferenza rispetto alla sofferenza e alla gioia, alla morte e alla vita. Mentre, per chi pensa le cose in riferimento all'essere e al suo logos eterno, ciò che è stato, se può cessare di essere, è perciò stesso destituito di vera realtà, è pura contingenza, apparenza; per la fede, finché la fede sussiste, la tenerezza, la pietà, la speranza della salvezza, anche se fossero destinate al più radicale scacco, sono piene di senso. Il credente le sperimenta come tali, le vive infatti, secondo il linguaggio paolino (2 Cor 5, 5; Ef 1, 13-14), come primizia, come caparra, come anticipazione, come presenza, vera anche se soltanto incipiente, della realtà escatologica. « La fede è sostanza delle cose che si sperano e prova di quelle che non si vedono » (Eb 11, 1). Il credente, oggi, si trova così nella condizione di vivere come impossibile ciò di cui pure sta facendo realmente esperienza. Il « già e non ancora », tanto caro ai teologi come felice formula risolutiva, scopre la tragicità del suo paradosso.

Ma la fede, posta ormai in questa definitivamente terribile condizione, non può durare nella storia. A chi è crocifisso non resta molto tempo per morire. Riferendosi alla invivibilità degli ultimi tempi, il Vangelo dice che se quei giorni non venissero abbreviati i fedeli non potrebbero resistere, ma che – ed è un'altra promessa delusa da secoli – « verranno abbreviati per amore degli eletti » (Mt 24, 22). Anche la fede, come tutto ciò che è conforme a Dio, ha il suo modello in Dio, nella fiducia con la quale, in Gesù, il Figlio si abbandona al Padre: basti pensare alle parole dell'ultimo salmo dello Hallel (Sal 117, 17-24), recitate da Gesù alla fine dell'ultima cena (Mt 26, 30), e a quelle del salmo 30, 6, pronunciate dallo stesso Gesù in punto di morte (Lc 23, 46). Ma anche la fede, come Cristo, alla fine muore crocifissa nella storia del mondo. Eppure, morendo – e facendo in questa morte l'esperienza dell'incombente sconfitta di Dio –, agonizzando nella consapevolezza del definitivo orrore che la sovrasta, essa fa la sua invocazione più potente, la più vicina, la più simile, al limite quasi dell'identificazione, a quella di Gesù Cristo.

Il « mistero » della Trinità divina afferma la verità biblica del Dio vivente. Per la tradizione giudaica, la *Shekhinah* di Dio, la sua « magnificenza », è in esilio con il suo popolo, strappata da lui pur essendo Dio essa stessa, e bisognosa quindi di redenzione. I teologi cristiani parlano della Trinità come manifestazione della « vita endodivina », ma la proiettano poi subito, forzati dalle categorie del pensiero « greco » che hanno assunto, nell'immobile eternità. La rivelazione ci parla invece di un Dio che vive nel tempo (i filosofi direbbero forse che si è posto nell'atto stesso in cui ha posto il tempo). Ogni vita è vita nel tempo. Dio è « l'Anziano » dei giorni (Dn 7, 9), il tempo che passa incide su di lui i suoi segni. Anche « il Signore », il Cristo dell'Apocalisse, come Dio nel libro di Daniele, ha i capelli bianchi (Ap 1, 14). Vivere, dicevano i filosofi, significa *movere se ipsum*, Dio si modifica, si trasforma, attraverso il suo rapporto con gli uomini, fino a diventare un crocifisso risuscitato, fino a dover assumere un « nome nuovo » (Ap 3, 12). Il nome nella Bibbia, e non soltanto nella Bibbia, è la persona o la cosa stessa, ne definisce l'identità. La tradizione ebraica, nella quale Dio è indicato per reverenza come « il Nome », ha sempre continuato ad affermarlo. L'annunciato cambiamento finale del nome di Dio adombra un cambiamento profondo che deve ancora compiersi in lui. Come cambia attraverso gli anni ciascuno di noi, che siamo fatti a sua immagine e somiglianza, così cambia Dio: nell'orizzonte della rivelazione biblica l'*éschaton* non è il *próton*, non si perviene allo stesso punto dal quale si era partiti, non si chiude nessun circolo. Prendendo la carne umana di Gesù Nazareno, Dio non è più identico a ciò che era prima. Soffrire e morire sulla croce ha lasciato in lui una traccia incancellabile. Le sofferenze l'hanno « reso perfetto » (Eb 2, 10), di quella perfezione che non appartiene all'essere. I tre giorni nel sepolcro non sono una parentesi che si richiude perché tutto in Dio ritorni com'era prima. Se si pensa questo, non si prende sul serio la croce.

Le parole con le quali, alla fine di un lungo abuso, si è ormai costretti a parlare di Dio come se fosse un oggetto posseduto e controllato dalla nostra mente – perché da troppo tempo ormai Dio non ci parla e noi non abbiamo più la forza di invocarlo, se non mediante la nostra stessa morte – sono forse blasfeme. Ma non è lontano dalla bestemmia neanche il grido del Crocifisso: « Dio mio, Dio mio, perché mi hai abbandonato? ». Se si potesse dire, è come se un « resto di Dio » sopravvivesse ancora nell'agonizzante che veniva abbandonato, con la vita, dalla divinità. Un « resto di Dio »: nel senso in cui – per una concezione, com'è quella biblica, che non separa l'« anima » dal « corpo » come due princìpi diversi – permane ancora un residuo di vita in chi è appena morto. Lo scrittore israeliano Amos Oz, in questi anni, ha detto che Israele è vivo come un cadavere al quale, per un po' di tempo, continuano ancora a crescere i capelli e le unghie. Questo « resto di Dio » è il modello del « resto di Israele » dei profeti, e anche del « resto della fede » che sta spegnendosi nella storia del mondo (Lc 18, 8).

Il « resto di Dio », per continuare a usare questo linguaggio, è stato messo in noi con il dono del suo Spirito, che secondo il Vangelo di Giovanni ci è stato fatto lo stesso giorno dell'oscura resurrezione di Gesù (20, 22), e non a Pentecoste, cinquanta giorni dopo, come riferiscono gli Atti degli apostoli 2, 1-4. Lo Spirito Santo, che è stato definito dalla tradizione cristiana come la « terza persona della Santissima Trinità », abita in noi (Rm 8, 9) come divina *Shekhinah*, e in noi invoca con gemiti indicibili (Rm 8, 26), primizia e anelito della resurrezione. La « sapienza del linguaggio » riduce « a niente la croce del Cristo » (1 Cor 1, 17), ma la « follia di Dio è più sapiente degli uomini, e la debolezza di Dio è più forte degli uomini » (1 Cor 1, 25). Così, Dio morto è più vivo degli uomini, e tutto, vita e morte di Dio e degli uomini, resta appeso al filo dell'ultimo giorno.

Allo Spirito di Dio che è in noi – fiato, vento che « spira dove vuole » (Gv 3, 8) – è affidato, da allora, tutto. La chiesa d'Oriente ha tramandato questa verità, sia pure ammantandola di toni trionfalistici, nel concetto, o piuttosto nel « mistero », della « Divinoumanità » (che gli antichi miti sembrano prefigurare), per la quale, in Gesù Cristo, Dio e l'umanità – non confusi e non mescolati, come hanno sancito i primi grandi concili ecumenici – sono ormai inseparabilmente congiunti. La nostra tragedia di credenti è la tragedia dello Spirito di Dio che è

stato posto in noi. Noi sappiamo bene, per la lunga esperienza fatta, di non valere nulla, e tuttavia ci sono davvero in noi le primizie dello Spirito, che in noi provano la nostalgia del mancato raccolto di cui sono primizie. Poiché nella storia del mondo la verità cristiana non può incarnarsi se non contraddicendosi nella sua forma anticristica, l'affermazione teandrica è diventata, già con il «filosofo cristiano» Hegel, questa: nella storia del mondo trionfa lo Spirito, tutto è nelle nostre mani, noi stessi siamo Dio (2 Pt 1, 4; Gn 3, 5).
Ma noi siamo uniti a Dio in tutt'altro senso. Nel senso che anche noi, con lo Spirito che è in noi, moriamo. Mentre Dio è «sconfitto», «sconficcato», lasciato cadere dalla croce come un inutile brandello e dimenticato, noi con la nostra fede saliamo sulla croce, combattiamo l'ultima lotta, l'agonia, gridiamo: «*Eli, Eli, lema sabactani?*». Così – questo chiediamo nella nostra supplica – si compirà ciò che ancora manca alla passione di Cristo (Col 1, 24) e avverrà il supremo capovolgimento. Il nostro sacrificio infonderà vita, risusciterà Dio. Dio che si è offerto a noi, che aspetta da noi la salvezza, è un Dio che dovremmo perfettamente amare, ma ci ha reso troppo stanchi, delusi, infelici per poterlo fare.

Opere pubblicate in questa collana:

1. Hermann Hesse, *Il pellegrinaggio in Oriente* (17ª ediz.)
2. Marcel Granet, *La religione dei Cinesi* (4ª ediz.)
3. Robert Musil, *Sulle teorie di Mach* (3ª ediz.)
4. James Boswell, *Visita a Rousseau e a Voltaire* (2ª ediz.)
5. Freud-Groddeck, *Carteggio* (4ª ediz.)
6. Nyogen Senzaki - Paul Reps, *101 storie Zen* (21ª ediz.)
7. Gertrude Stein, *Picasso* (6ª ediz.)
8. Pierre Klossowski, *Le dame romane* (3ª ediz.)
9. Konrad Lorenz, *E l'uomo incontrò il cane* (22ª ediz.)
10. Rainer Maria Rilke, *Ewald Tragy* (5ª ediz.)
11. Friedrich Nietzsche, *Sull'utilità e il danno della storia per la vita* (9ª ediz.)
12. Angus Wilson e Philippe Jullian, *Per chi suona la cloche* (2ª ediz.)
13. Elias Canetti, *Potere e sopravvivenza* (5ª ediz.)
14. Konrad Lorenz, *Gli otto peccati capitali della nostra civiltà* (18ª ediz.)
15. Lorenzo Magalotti, *Relazione della China*
16. Miguel León-Portilla, *Il rovescio della Conquista* (3ª ediz.)
17. Knut Hamsun, *Fame* (3ª ediz.)
18. *La Bibbia del Belli* (2ª ediz.)
19. Georges Dumézil, *Gli dèi dei Germani* (5ª ediz.)
20. Joseph Roth, *La leggenda del santo bevitore* (21ª ediz.)
21. Friedrich Nietzsche, *Sull'avvenire delle nostre scuole* (3ª ediz.)
22. *Il Fisiologo* (3ª ediz.)
23. Samuel Butler, *Erewhon* (4ª ediz.)
24. Samuel Butler, *Ritorno in Erewhon* (3ª ediz.)
25. Eugen Herrigel, *Lo Zen e il tiro con l'arco* (19ª ediz.)
26. Frank Wedekind, *Mine-Haha* (3ª ediz.)
27. Alberto Savinio, *Maupassant e "l'Altro"* (3ª ediz.)
28. San Girolamo, *Vite di Paolo, Ilarione e Malco* (2ª ediz.)
29. Giorgio Colli, *La nascita della filosofia* (11ª ediz.)
30. Louis-Ferdinand Céline, *Il dottor Semmelweis* (5ª ediz.)
31. Ludwig Wittgenstein, *Note sul "Ramo d'oro" di Frazer* (4ª ediz.)
32. Hermann Hesse, *Siddharta* (41ª ediz.)
33. Reuben Fine, *La psicologia del giocatore di scacchi* (3ª ediz.)
34. Robert Walser, *La passeggiata* (10ª ediz.)
35. Edoardo Ruffini, *Il principio maggioritario* (2ª ediz.)

36-37. Friedrich Nietzsche, *Così parlò Zarathustra* (15ª ediz.)

38. André Gide, *La sequestrata di Poitiers* (3ª ediz.)
39. J.R. Wilcock - F. Fantasia, *Frau Teleprocu*
40. Hugo von Hofmannsthal, *L'uomo difficile* (5ª ediz.)

41. James Joyce, *Dedalus* (12ª ediz.)
42. Søren Kierkegaard, *Enten-Eller, I* (3ª ediz.)
43. Paul Verlaine, *Confessioni* (2ª ediz.)
44. Pavel Florenskij, *Le porte regali* (3ª ediz.)
45. Adam Mickiewicz, *I sonetti di Crimea*
46. Friedrich Nietzsche, *La mia vita* (6ª ediz.)
47. Friedrich Nietzsche, *Al di là del bene e del male* (11ª ediz.)
48. Friedrich Nietzsche, *La nascita della tragedia* (12ª ediz.)
49. Alberto Savinio, *Sorte dell'Europa* (2ª ediz.)
50. Carlo Dossi, *Amori* (2ª ediz.)
51. René Guénon, *Il Re del Mondo* (7ª ediz.)
52. Arthur Schnitzler, *Doppio sogno* (13ª ediz.)
53. Søren Kierkegaard, *Enten-Eller, II* (3ª ediz.)
54. Friedrich Nietzsche, *La gaia scienza* (7ª ediz.)
55. Friedrich Nietzsche, *L'anticristo* (10ª ediz.)
56. James Hillman, *Saggio su Pan* (6ª ediz.)
57. Alfred Jarry, *Ubu* (4ª ediz.)
58. Hermann Hesse, *La cura* (13ª ediz.)
59. Jacques Derrida, *Il fattore della verità* (2ª ediz.)
60. Gerald Durrell, *Incontri con animali* (5ª ediz.)
61. Gershom Scholem, *Walter Benjamin e il suo angelo* (2ª ediz.)
62. Jonathan Swift, *Istruzioni alla servitù* (6ª ediz.)
63. Aleksandr Blok, *L'intelligencija e la rivoluzione*
64. Georg Büchner, *Teatro* (5ª ediz.)
65. Friedrich Nietzsche, *Aurora* (4ª ediz.)
66. Jaime de Angulo, *Indiani in tuta* (2ª ediz.)
67. Robert Walser, *I temi di Fritz Kocher* (2ª ediz.)
68. Søren Kierkegaard, *Enten-Eller, III*
69. Franz Kafka, *Il processo* (9ª ediz.)
70. August Strindberg, *Teatro naturalistico, I* (3ª ediz.)
71. Max Jacob - Claude Valence, *Specchio d'astrologia* (3ª ediz.)
72. Heinrich Heine, *Gli dèi in esilio*
73-74. Katherine Mansfield, *Tutti i racconti, I* (7ª ediz.)
75. Guido Ceronetti, *Il silenzio del corpo* (5ª ediz.)
76. Carlo Dossi, *Goccie d'inchiostro*
77. *I detti di Rābi'a*
78. Giacomo Casanova, *Il duello* (2ª ediz.)
79. Vasilij Rozanov, *L'Apocalisse del nostro tempo*
80. Friedrich Nietzsche, *Scritti su Wagner* (3ª ediz.)
81. Platone, *Simposio* (12ª ediz.)
82. Friedrich Nietzsche, *Umano, troppo umano, I* (3ª ediz.)
83. Karen Blixen, *Ehrengard* (11ª ediz.)
84. Alberto Savinio, *Vita di Enrico Ibsen*
85. Walter Benjamin, *Uomini tedeschi*

86. *Diotima e Hölderlin*
87. Mario Brelich, *Il navigatore del diluvio* (2ª ediz.)
88. Leonora Carrington, *Giù in fondo* (2ª ediz.)
89. Emanuele Severino, *Legge e caso* (3ª ediz.)
90. Hermann Hesse, *Una biblioteca della letteratura universale* (8ª ediz.)
91-92-93. Katherine Mansfield, *Tutti i racconti, II* (4ª ediz.)
94. Giorgio Colli, *Scritti su Nietzsche* (3ª ediz.)
95. Salvatore Satta, *De profundis*
96. Walter Pater, *Ritratti immaginari*
97. René Guénon, *La Grande Triade* (4ª ediz.)
98. August Strindberg, *Teatro da camera* (2ª ediz.)
99. Gerald Durrell, *Luoghi sotto spirito* (3ª ediz.)
100. Gustave Flaubert, *Dizionario dei luoghi comuni* (7ª ediz.)
101. J. Rodolfo Wilcock, *Poesie*
102. Mumon, *La porta senza porta* (3ª ediz.)
103. Jean Rhys, *Il grande mare dei sargassi* (2ª ediz.)
104. Guido Morselli, *Incontro col comunista*
105. Sergio Quinzio, *Dalla gola del leone*
106. Karl Valentin, *Tingeltangel*
107. Jean-Jacques Langendorf, *Elogio funebre del generale August-Wilhelm von Lignitz*
108-109. O. Henry, *Memorie di un cane giallo* (2ª ediz.)
110. Rainer Maria Rilke, *Lettere a un giovane poeta* (6ª ediz.)
111. Carl Seelig, *Passeggiate con Robert Walser* (2ª ediz.)
112. Charles Duff, *Manuale del boia* (2ª ediz.)
113-114. Franz Kafka, *Il messaggio dell'imperatore* (8ª ediz.)
115. Alberto Savinio, *La nostra anima* (3ª ediz.)
116. Jean Paul, *Giornale di bordo dell'aeronauta Giannozzo*
117. Fausto Melotti, *Linee*
118. Ibn'Aṭā' Allāh, *Sentenze e Colloquio mistico* (2ª ediz.)
119. Carlo Emilio Gadda, *Le bizze del capitano in congedo* (2ª ediz.)
120. Søren Kierkegaard, *Enten-Eller, IV*
121. Friedrich Nietzsche, *Umano, troppo umano, II* (3ª ediz.)
122. Arthur Schnitzler, *Fuga nelle tenebre* (9ª ediz.)
123. Joseph Roth, *Viaggio in Russia* (5ª ediz.)
124. Misia Sert, *Misia* (2ª ediz.)
125. Anonimo romano, *Cronica* (2ª ediz.)
126. Emilio Cecchi, *I grandi romantici inglesi* (2 voll.)
127. Russell Hoban, *Il topo e suo figlio* (2ª ediz.)
128. J. Rodolfo Wilcock, *L'abominevole donna delle nevi*
129. Paul Scheerbart, *Architettura di vetro*
130. Giacomo Leopardi, *Pensieri* (5ª ediz.)

131. Carlo Michelstaedter, *La persuasione e la rettorica* (4ª ediz.)
132. Hugo von Hofmannsthal, *La mela d'oro e altri racconti* (2ª ediz.)
133. Plutarco, *Il demone di Socrate - I ritardi della punizione divina* (2ª ediz.)
134. Friedrich Nietzsche, *Ditirambi di Dioniso e Poesie postume* (2ª ediz.)
135. Alexander Lernet-Holenia, *Il barone Bagge* (4ª ediz.)
136. Carlo Emilio Gadda, *Il tempo e le opere*
137. Gerald Durrell, *Storie del mio zoo* (4ª ediz.)
138. Jayadeva, *Gītagovinda* (2ª ediz.)
139. August Strindberg, *Teatro naturalistico, II* (2ª ediz.)
140. Samuel Johnson, *Riflessioni sugli ultimi fatti relativi alle Isole Falkland (1771)*
141. E.M. Cioran, *Storia e utopia* (3ª ediz.)
142. Jean-Jacques Langendorf, *Una sfida nel Kurdistan*
143. Gilberto Forti, *Il piccolo almanacco di Radetzky*
144. Elvio Fachinelli, *Claustrofilia*
145. Giorgio Colli, *Per una enciclopedia di autori classici* (2ª ediz.)
146. Thomas de Quincey, *Gli ultimi giorni di Immanuel Kant* (2ª ediz.)
147. Charles Baudelaire, *Il mio cuore messo a nudo* (3ª ediz.)
148. Plutarco, *Dialoghi delfici* (2ª ediz.)
149. Adalbert Stifter, *Abdia* (3ª ediz.)
150. Charles Alexander Eastman, *L'anima dell'indiano* (2ª ediz.)
151. György Lukács, *Diario (1910-1911)*
152. Arthur Schnitzler, *Gioco all'alba* (7ª ediz.)
153. Aleksandr Zinov'ev, *Appunti di un Guardiano Notturno*
154. Friedrich Nietzsche, *Crepuscolo degli idoli* (3ª ediz.)
155. Franziska zu Reventlow, *Il complesso del denaro*
156. Pier Candido Decembrio, *Vita di Filippo Maria Visconti*
157. Lope de Vega, *La Gattomachia* (2ª ediz.)
158. Simone Weil, *Riflessioni sulle cause della libertà e dell'oppressione sociale* (2ª ediz.)
159. Alexander Lernet-Holenia, *Il Signore di Parigi*
160. David Garnett, *Il ritorno del marinaio*
161. Alfred Jarry, *Gesta e opinioni del dottor Faustroll, patafisico*
162. Elio Aristide, *Discorsi sacri*
163. Maria Maddalena de' Pazzi, *Le parole dell'estasi*
164. Colette, *Chéri* (3ª ediz.)
165. Mario Bortolotto, *Introduzione al Lied romantico*
166. Adalbert Stifter, *Cristallo di rocca* (3ª ediz.)
167. Friedrich Nietzsche, *Genealogia della morale* (4ª ediz.)
168. Georges Dumézil, *Matrimoni indoeuropei*
169. *Lettere di Mademoiselle Aïssé a Madame C...*

170. Saul Israel, *La leggenda del figlio del Re Horkham*
171. Albert Caraco, *Post mortem*
172. Gilberto Forti, *A Sarajevo il 28 giugno*
173. Emilio Cecchi, *Messico*
174. Joseph Roth, *Ebrei erranti* (6ª ediz.)
175. Meister Eckhart, *Sermoni tedeschi* (3ª ediz.)
176. Elena Croce, *Due città*
177. Karen Blixen, *Ombre sull'erba* (5ª ediz.)
178. Georges Simenon, *Lettera a mia madre* (3ª ediz.)
179. Plutarco, *Iside e Osiride* (3ª ediz.)
180. Giorgio de Santillana, *Fato antico e Fato moderno* (2ª ediz.)
181. Colette, *La fine di Chéri*
182. Edme Boursault, *Lettere di Babet*
183. Henri Maspero, *Il Soffio Vivo*
184. Friedrich Nietzsche, *Schopenhauer come educatore*
185. Ernst Jünger, *Il problema di Aladino*
186. E.M. Cioran, *Il funesto demiurgo* (3ª ediz.)
187. Alberto Savinio, *La casa ispirata*
188. Plutarco, *Sull'amore* (3ª ediz.)
189. Arthur Schnitzler, *Beate e suo figlio* (6ª ediz.)
190. Gottfried Benn, *Cervelli*
191. Colette, *La nascita del giorno*
192. Karen Blixen, *Il matrimonio moderno* (4ª ediz.)
193. *Sir Gawain e il Cavaliere Verde* (4ª ediz.)
194. *L'epopea di Gilgameš* (5ª ediz.)
195. Louis Dumont, *La civiltà indiana e noi*
196. Joseph Roth, *Le città bianche* (4ª ediz.)
197. Giuseppe Rensi, *Lettere spirituali*
198. Fabrizio Dentice, *Egnocus e gli Efferati* (2ª ediz.)
199. John McPhee, *Il formidabile esercito svizzero* (2ª ediz.)
200. Simone Weil, *Venezia salva*
201. Elsa Morante, *Pro o contro la bomba atomica*
202. M. Granet - M. Mauss, *Il linguaggio dei sentimenti*
203. Guido Ceronetti, *Pensieri del Tè* (4ª ediz.)
204. Carlo Michelstaedter, *Poesie* (3ª ediz.)
205. Carl Schmitt, *Ex Captivitate Salus*
206. Celso, *Il discorso vero*
207. Thomas Bernhard, *L'imitatore di voci* (2ª ediz.)
208. Alberto Savinio, *Capri* (3ª ediz.)
209. Arthur Schnitzler, *La signorina Else* (4ª ediz.)
210. Milan Kundera, *L'arte del romanzo* (3ª ediz.)
211. Eugenio Montale, *Mottetti* (2ª ediz.)
212. Iosif Brodskij, *Dall'esilio*
213. Gerald Durrell, *La terra che sussurra* (2ª ediz.)

214. Henry James, *L'altare dei morti* (2ª ediz.)
215. Osip Mandel'štam, *Viaggio in Armenia*
216. Friedrich Dürrenmatt, *La morte della Pizia* (5ª ediz.)
217. Guido Ceronetti, *L'occhiale malinconico*
218. Fernando Pessoa, *Lettere alla fidanzata* (2ª ediz.)
219. Alexander Lernet-Holenia, *Il giovane Moncada* (2ª ediz.)
220. Giovanni Macchia, *I moralisti classici* (2ª ediz.)
221. Hippolyte Taine, *Étienne Mayran*
222. Carlo Michelstaedter, *Il dialogo della salute*
223. E.M. Cioran, *Esercizi di ammirazione*
224. Joseph Roth, *La ribellione* (3ª ediz.)
225. Benedetto Croce, *Contributo alla critica di me stesso* (2ª ediz.)
226. Giovanni Macchia, *Tra Don Giovanni e Don Rodrigo* (2ª ediz.)
227. Alberto Savinio, *Capitano Ulisse*
228. Vivant Denon, *Senza domani*
229. Rudolf Borchardt, *Città italiane*
230. Colette, *Sido*
231. Aldous Huxley, *L'arte di vedere* (3ª ediz.)
232. Søren Kierkegaard, *Enten-Eller, V*
233. Ernst Jünger - Martin Heidegger, *Oltre la linea* (2ª ediz.)
234. Christopher Marlowe, *Tamerlano il Grande*
235. Leonardo Sciascia, *Alfabeto pirandelliano* (3ª ediz.)
236. Georg Büchner, *Lenz*
237. *Vijñānabhairava, La conoscenza del Tremendo* (2ª ediz.)
238. Leonardo Sciascia, *Una storia semplice* (8ª ediz.)
239. Jean-Pierre de Caussade, *L'abbandono alla Provvidenza divina*
240. Joseph Roth, *Il peso falso* (2ª ediz.)
241. Manlio Sgalambro, *Anatol*
242. Simone Weil, *Sulla Germania totalitaria*
243. Benedetto Croce, *Breviario di estetica – Aesthetica in nuce*
244. Ivo Andrić, *I tempi di Anika*
245. C.S. Lewis, *Diario di un dolore* (3ª ediz.)
246. E.M. Cioran, *Lacrime e santi*
247. Vladimir Zazubrin, *La scheggia*
248. Ernst Jünger, *Trattato del Ribelle* (2ª ediz.)
249. Nina Berberova, *Il giunco mormorante* (5ª ediz.)
250. Leonardo Sciascia, *Occhio di capra*
251. Wolfgang Goethe, *Favola* (2ª ediz.)
252. Calderón de la Barca, *La vita è sogno*
253. Sergio Quinzio, *Radici ebraiche del moderno* (4ª ediz.)
254. Elena Croce, *Lo snobismo liberale*
255. Jeremy Bernstein, *Uomini e macchine intelligenti*
256. Alfred Jarry, *L'amore assoluto*
257. Giorgio Manganelli, *Lunario dell'orfano sannita*

258. Alberto Savinio, *Alcesti di Samuele e atti unici*
259. Iosif Brodskij, *Fondamenta degli Incurabili* (2ª ediz.)
260. Giuseppe Rensi, *La filosofia dell'assurdo*
261. James Hillman, *La vana fuga dagli Dei*
262. Fabrizio Dentice, *Messalina*
263. F. Gonzalez-Crussi, *Note di un anatomopatologo* (2ª ediz.)
264. Manlio Sgalambro, *Del pensare breve*
265. Jacques Derrida, *Sproni. Gli stili di Nietzsche*
266. Mario Soldati, *La confessione*
267. Giovanni Macchia, *Vita avventure e morte di Don Giovanni*
268. Colette, *Il grano in erba*
269. Nina Berberova, *Il lacchè e la puttana* (3ª ediz.)
270. Ingeborg Bachmann, *Il buon Dio di Manhattan*
271. Bruce Chatwin-Paul Theroux, *Ritorno in Patagonia* (2ª ediz.)
272. Benedetto Croce, *Ariosto*
273. Plutarco, *Il volto della luna*
274. Arthur Schopenhauer, *L'arte di ottenere ragione* (4ª ediz.)
275. Friedrich Nietzsche, *David Strauss*
276. Friedrich Nietzsche, *Ecce homo*
277. Friedrich Nietzsche, *La filosofia nell'epoca tragica dei Greci e Scritti 1870-1873*
278. Alberto Savinio, *Dico a te, Clio*
279. Leonardo Sciascia, *Morte dell'inquisitore* (2ª ediz.)
280. Elvio Fachinelli, *La freccia ferma*
281. Ivo Andrić, *La Corte del diavolo*
282. J. Rodolfo Wilcock, *Fatti inquietanti*

Stampato nel febbraio 1992
dal Consorzio Artigiano « L.V.G. » - Azzate

Piccola Biblioteca Adelphi
Periodico mensile: N. 283/1992
Registr. Trib. di Milano N. 180 per l'anno 1973
Direttore responsabile: Roberto Calasso